大地の伝言

満州・戦争孤児との約束

増田昭一の生涯

大野　正夫　著

増田 昭一
（2010 年 3 月　笛吹市石和図書館にて）

まえがき

増田昭一先生は、小田原市立酒匂小学校に赴任して、最初に私たち二年一組五〇名の担任をされた。先生は長身、海軍兵学校の制服を着て授業に臨んだ。

私たちの教室は、木造校舎の一階西側の少し薄暗いところにあった。先生は、大きな声で授業をされた。今でも強く印象に残っている授業がある。第二次世界大戦（太平洋戦争）中、満州で両親を亡くして孤児となり、難民収容所で悲惨な生活をしながら、一度日本の土を踏みたいという願いが叶わず亡くなった子どもたちの話である。普段の授業のときとは違ってゆっくりと話されたので、幼い私たちにもその悲惨な内容が理解できた。

私（大野正夫）は満州の錦州市生まれで、五歳になる少し前に太平洋戦争が終わった。蒋介石の国民党軍と共産党軍（八路軍）との内戦が始まり、錦州市街が戦場になるという情報で、多くの日本人が住む奉天に避難し、奉天駅と隣接した広い満鉄社宅に住んだ。高い塀で囲まれた当時の社宅団地は現在も残っている。当時、奉天の市街地は治安が悪く伝染病が蔓延していたので、ほとんど塀のなかから出ることもなく、子どもたちは社宅団地のなかで遊び過ごした。家のなかにはストーブがあり暖かく、高粱飯であったがひもじさはなかった。同じ歳ごろの子どもたちが、収容所の悲惨な生活のなかで亡くなって逝った先生のお話にショックを覚えた。

増田先生にお会いしたいという気持ちを抱きながらも、それから六〇年の歳月が過ぎた。二〇一四年八月に、テレビ未来遺産〝終戦六九年〟ドラマ特別企画「遠い約束―星となったこどもたち」が放映された。ドラマの原作者が私たちの恩師である増田先生であると、小田原に住む同級生から教えられた。私はＴＢＳのテレビドラマを見て感動した。

ドラマの原作の発行元である出版社の夢工房に電話をかけて先生の住所と電話番号を知り、親しい同級生三人に呼びかけて増田先生のお宅を訪れた。六〇年ぶりの教え子たちの来訪を先生は喜ばれた。先生は小学校時代の私たちや亡くなって逝った孤児たちの話、八路軍の軍医をしたことなどを静かに語られた。

興味深い話が多く、私は先生の話を録音し、パソコンに入力した。それがかなりの枚数になった。この原稿をもとに本にならないかと、同期の同窓会長の塩海洋介君に相談し、記念誌をつくることになった。同期生からも新たに原稿を集めて、一年がかりで『戦後の混乱期入学の生徒と先生の足跡〜六・三・三制度第一期生徒と先生の過去・現在』と題した記念誌を刊行した。この冊子は、小田原市内に配布されるタウン紙に紹介されたこともあり、自費出版の三〇〇部が刊行後三か月余りでほぼ無くなってしまった。

増田先生に関する内容は、「同窓会記念誌」の構成上、二〇ページあまりにまとめた。記念誌の配布は小田原市内であった。私は「増田昭一の生涯」として、全国の読者に届ける本を企画したいと思った。増田先生の著書をこれまでに五冊刊行している「夢工房」の片桐務さんに相談し、刊行の快諾を得た。

本書は、増田先生ご自身が執筆された著書や先生からお聞きしたことを整理して、生い立ちから、ご両親や姉妹のことなども記述して、まさに波乱万丈な先生の歩まれた道、特に満州における出来事を中心に生涯の記としてまとめた。満州に関する資料として、後世に残さなければならない貴重な事柄も多く記述した。

どうか増田先生が望まれる、二度とあってはならない戦争の悲惨を、戦争を知らない世代の方々に伝えるために本書が読まれることを願い、期待している。

大野　正夫

二〇一九年四月

大地の伝言　**目次**

まえがき　3
はじめに～ソ連軍の満州侵攻と日本人居留民の悲劇　11
第1章　幼少期の昭一と家族　13
生い立ち　幼少期から小田原中学校時代
第2章　満州へ向かった家族と昭一　21
家族の渡満と三女房子の死　昭一、満州のチャムス医科大学へ
チャムス医科大学は開拓医学の拠点　牡丹江の港

第3章　ソ連軍の満州侵攻と開拓団の悲劇　35
ソ連軍の満州侵攻　二六三四部隊の移動　満州の開拓団の悲劇
昭一は戦場へ

第4章　磨刀石の戦い～生きて報告せよ！　44
ソ連戦車隊へ特攻作戦　「岸壁の母」の磨刀石
磨刀石の戦い～『戦場のサブちゃんとゴン』より　タコツボから肉弾戦
「生きて報告せよ！」　中国人に助けられる

第5章　難民収容所の孤児たち　65
ハルピンで母と再会　新京難民容収所の生活　母との別れ
よっちゃんの最後の輝き　収容所の外で働く

第6章　八路軍の医師として従軍　80
昭一は八路軍の従軍医師に　八路軍の医師・看護婦との出会い

日本人軍医は銃殺刑とする

第7章　日本へ引き揚げ　96
新京で「日満医療所」を開く　葫蘆島より日本へ引き揚げ
姉の死を知る　帰国してから

第8章　戦後の教師生活と父の戦争体験　108
新米教師、酒匂小学校へ　引き揚げ後の父の暮らし　父の一喝
小学校教師として三八年　学芸会・演劇の指導

第9章　星になった子どもたちとの約束　124
孤児たちとの約束　絵本・物語の刊行とラジオ番組
「語りつごう、ともちゃんの会」と「ともちゃん地蔵」　満州再訪
「戦争孤児の物語」の上演　原画展の開催　読者からの反響

第10章　テレビドラマ「遠い約束」　137

終戦記念ドラマ「遠い約束〜星になったこどもたち〜」
ドラマ制作に寄せる増田の思い　「遠い約束」のＤＶＤ制作と上映会
テレビドラマが縁で教え子たちと再会
同窓会記念誌『戦後の混乱期入学の生徒と先生の足跡』刊行
刊行記念の同窓会　内助の功

第11章　増田昭一の六冊の本　158

満州の星くずと散った子供たちの遺書—新京敷島地区難民収容所の孤児たち—
約束—満州の孤児たちの生命の輝き—
戦場のサブちゃんとゴン—満州・磨刀石の戦いを生きた二つの命—
ともちゃんのおへそ（絵本）
金のひしゃく—北斗七星になった孤児たち（絵本）
来なかったサンタクロース（絵本）

第12章　若者たちに伝えたいこと　176
つぎの世代に語り継ぎたい
歴史教育の必要性　学徒動員の予備士官が指揮した特攻作戦の悲劇
開拓団と満蒙開拓青少年義勇軍の悲劇　最北端の占守島の戦い
輝けるときとは　初等教育の重要性　平和について
〈参考〉満州について　185
満州国とは
満州国の建国　満州の近代化政策と急速な発展　満州の高等教育機関
佳木斯市　満州開拓団と青少年開拓義勇軍　新京の街
あとがき　191
著者プロフィール　194

はじめに～ソ連軍の満州侵攻と日本人居留民の悲劇

一九四六年四月二十六日まで有効だった日ソ中立条約を破棄したソ連は一九四五年八月八日、日本に宣戦布告し、翌九日、ソ連軍は戦車部隊を主力に満州国に侵攻した。当初、関東軍とともにソ連軍と戦っていた満州国軍や関東軍の朝鮮人・漢人・蒙古人の兵士らの離反が一部で起こった。新京の関東軍関係者の多くは、八月十日、列車で通化へ脱出した。ソ連国境線に配置していた関東軍の部隊は十分な兵器を持っていず、肉弾・特攻作戦で多くの部隊が全滅した。

ソ連軍の侵攻で犠牲となったのは、主に満蒙開拓団員をはじめとする日本人居留民たちであった。関東軍の通化への司令部移動の際には、民間人の大規模な移動命令は出なかった。邦人一三〇万人余り（関東州を合わせると約一五〇万人）は、輸送に必要な資材や時間もなく、武器や食糧もないまま置き去りにされた。数えきれないほどの高齢者・女性・子どもたちが満州に攻め込んだソ連軍の犠牲になった。ソ連軍の規律は乱れ、兵士による民間人の殺傷や強姦、略奪が多発した。

皇帝溥儀をはじめとする国家首脳たちは新京を放棄し、朝鮮に近い通化省臨江県大栗子に八月十三日夕刻に到着した。八月十五日、昭和天皇の「玉音放送」により終戦。二日後の十七日に、国務総理大臣の張景恵が主宰する重臣会議は通化で満州国の廃止を決定。翌十八日未明には溥儀が大栗子の地で退位の詔勅を読み上げ、満州国は誕生からわずか一三年で滅亡した。

旧満州（現中国東北地区）概念図

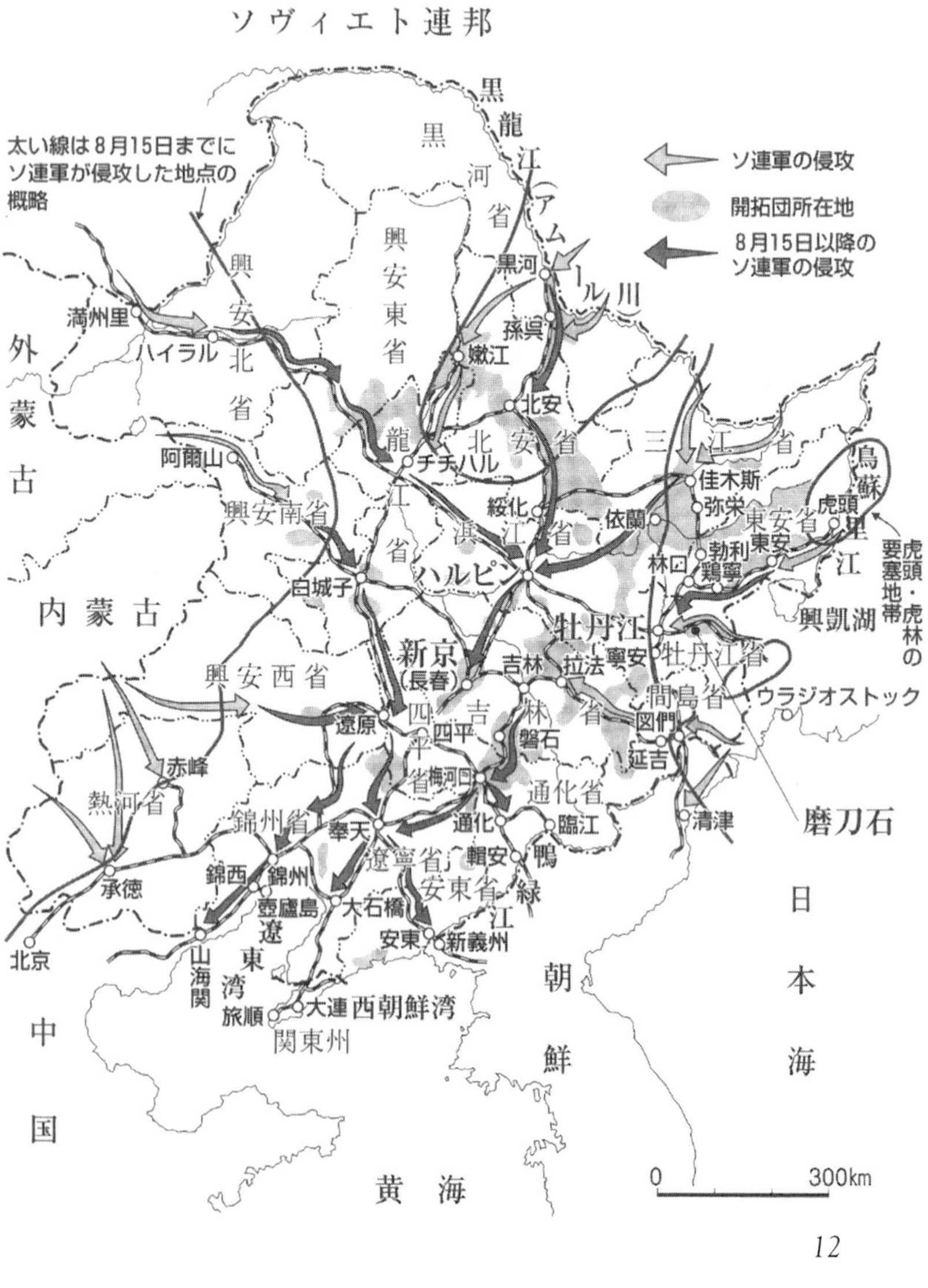

第1章　幼少期の昭一と家族

生い立ち

増田昭一は、昭和三年（一九二八）四月十三日、神奈川県小田原市城山に生まれた。城山は現在の小田原駅新幹線口から北へ五分ほど歩いたところにある小高い丘である。少し歩くと小田城の天守閣が見える。陸軍の軍人であった父増田清一は寡黙であったが、末っ子で一人息子である昭一を可愛がった。父は、昭一の日ごろの言動から軍人には向いていないと判断したようだ。昭一自身も父の生活を見ていて、軍人はいやだった。

職業軍人は家にいる時間が少ない。昭一が物心ついたときには、お父さんの顔さえ覚えていなかった。満州事変が終わって父が帰ってきたとき、四歳になった昭一を抱き上げてほおずりをしたが、昭一は泣き出した。母は、軍人の妻としてテキパキとした立ち居振る舞いをしていた。三人姉妹の末っ子の男子であった昭一にはやさしかった。

幼少期から小田原中学校時代

昭和の時代は戦争にあけくれた。ノモンハン事件・支那事変・第二次世界大戦がつぎつぎと勃発し、多くの兵士が戦場に散った。満州事変や支那事変の初期のころの出来事を母から聞いた。「〇〇大尉が、〇〇中尉が戦死なされました。明後日、お通夜があります」。昭一はお通夜に、お葬式にと、何回も母に連れられて行ったという。戦死した軍人の家庭の人で、泣く人は一人もいなかった。

左より、三女房子、次女美津子、昭一、長女綾子、母喜美子

「ご立派に戦死なされたそうで」とか、「最後まで指揮をとられた

小田原中学時代の昭一と家族（於・小田原）

そうで……」と母が言うと、
「ありがとうございます。そう言って下されば、主人も本望でしょう」。三歳ぐらいの幼児が「父ちゃん死んだ、バンザイ」と両手をあげた。その姿を見て涙ぐむ人がいた。昭一の幼稚園時代のぼんやりとした記憶がよみがえった。

末っ子の昭一は、幼児期には体が弱かった。熱を出したり、扁桃腺がはれたり、病気ばかりしていた。軍人の息子として陸軍幼年学校に入学しようとしたが、軍人になることのできる体力ではなかった。そこで神奈川県立小田原中学校に昭和十六年四月に入学した。校舎は家から歩いて行ける丘の上にあった。学校からは、相模湾が一望でき、眼下には小田原城跡が見える。天守閣は明治になって取り壊されて荒城であった。小田原中学校は神奈川県西部地域の小田原・平塚・秦野・熱海が学区で優秀な生徒が通学していた。

中学校の四年生になると、体力があり成績優秀な生徒は陸軍士官学校か海軍兵学校へ、体力はあるが成績が今一歩の者は予科練へと進んだ。体力と能力に応じて行くところを決める者が多かった。友達同士で進路の話をしたが、昭一は軍人になる気持ちは起きなかった。父も一度も士官学校や兵学校に行くことを勧めることはなかった。

昭一が小田原中学校に入学した年、昭和十六年十二月八日に太平洋戦争が始まった。授業は何ら変わることもなく校内の雰囲気はおだやかであった。戦時中でも軍国的な雰囲気の授業はほとんどなかった。一人だけ、「八紘一宇」などとよく言う教師がいたが、その教師の話に同調する生徒はなく、孤立していた。軍事教練もあり、突撃訓練が多かったが、教練の教官は品格のある人で、動きの鈍い生徒がいても決して殴るようなことはなかった。いくつもの本には「殴るなど粗暴な軍国主義を叩きこむ配属将校…」と書かれているが、配属将校は太平洋戦争が始まるころまでは、一般に優秀な軍人が二年間くらい各地の中学校に赴任していた。

昭一の父も、弘前、山形などの中学校三校に配属将校として行った。軍事教練にかかわる軍人の階級は大尉、少佐、中佐クラスで、軍歴の長い者が多かった。小さい声で父は母に「校長先生より給料が多いんだぞ」と言ったそうだ。昭一は母に「軍事教官の子どもとしてみんなのお手本になる行為をしなさい」と、毎日のように言われていた。母は「……のようにしなさい」と具体的なことは言わなかった。自転車で通学をしていた昭一は、先生と出会うと自転車を降りて挨拶をすることにした。

青森県五所川原の小学校にいたころ、昭一は中学の生徒たちから「雷の息子だ」と言われた。はじめは誰のことを言っているのか分からなかったが、「こいつ、ちょぼ髭が生えていない」と笑った。このとき、父のあだ名を初めて知った。それは意地悪ではなく、親しみをもって言われた。昭一の父はよく生徒たちに大声を浴びせていたのだろう。父は、砲兵隊の隊長であったので、日頃、発砲の号令で大声を出していた。声も大きかったのかもしれない。しかし、生徒との間の壁もなかったようで、父は軍事教練の教育を楽しんでいたようであった。父は家族に対しても威張ることもなく、三姉妹や昭一に隔てなく優しかった。

このころが昭一の家庭の一番おだやかな時期であった。昭一は、ときどき変な夢を見た。家族がバラバラになって死んでいくのだ。その夢は今でもはっきりと覚えている。母は、家事を姉たちと一緒に行い、子どもたちを叱ることもあまりなかった。姉たちは、昭一が男の末っ子であったので可愛がり、仲のよい姉妹弟であった。

支那事変が起こって一か月過ぎたとき、弘前第八師団から電報がきた。軍人の赴任は、その日の内に行かなければならない。軍事教官（配属将校）だった父は、ちょうど日曜日で川に釣りに行っていた。昭一は母から「お父さんに帰るよう伝えに行って」と言われた。小学校三年生の昭一は自転車に乗って岩木川の土手を走った。第八師団へ赴任する命令、母からの伝言を父に伝えた。父は三〇分で支度を整えて出かけ、五所川原発午後八時の弘前行きに飛び乗った。

数日過ぎて電報がきた。家族同伴で赴任してよいという通知であった。昭一と母は所定の旅館に泊まった。父を中心に宴会が始まった。母は将校たちの接待をしていた。ある将校が、「奥さん、隊長は死なせませんよ。私たちが隊長の前に立ちますよ」と言った。和気あいあいの楽しい一夜であった。これは支那事変初期のころのことで、翌年には防諜という名のもとに廃止されたと聞く。

父は、第八師団の砲兵隊を率いて二年数か月、中国北部・北支戦線を転戦して、見えない軍隊(ゲリラ)・共産党軍(八路軍)と対戦して勝利した。戦死者が少なく、父は金鵄勲章をもらった。

その後、北海道・札幌に司令部を置く北部軍（一九四三年に北方軍、一九四四年に第五方面軍と改称）の兵器部長として転勤して、家族も北海道の官舎に移った。任務は潜水艦でアッツ島やキスカ島と千島列島に出かけて二か月も帰らない場合が多かった。昭一が最も印象に残っているのは、昭和十七年三月下旬に春休みで昭一が帰省していたときに、家に来た一人の軍人であった。山崎中佐である。二人が話していた内容は、中学生の昭一にはよく理解はできなかったが、父は山崎中佐に言った。

「貴様はずいぶん遠くへ行くのう」

「いや一人天下だから気兼ねしないで、ときどき釣りをしてアルーシャン列島の大きなカレイでも釣るか…」

山崎中佐はワッハハハハと笑っていた。しかし後日、昇格した山崎大佐がアッツ島で玉砕したとニュースで聞いて昭一は涙が出た。

父が軍人であったために、昭一は小学校時代に六回も転校した。中学時代は姉たちと小田原の家で過ごし、正月、春休み、夏休みに父の赴任地で過ごした。

父は、一九四一年(昭和十六年)、太平洋戦争が始まるころまで、キスカ島・アッツ島・千島列島の兵器・弾薬の供給・輸送を担当し、潜水艦で兵器の輸送・陣地の配置などの作戦指導をしていた。ある日のこと、父の自宅へ海軍士官が来た。階級をちらっと見ると中佐と少佐の二名、海軍の将校だった。父はそのころ陸軍中佐だった。陸軍の将校も五名ほど同席し、長い話しをしていた。それぞれ、当番兵が二名いたが、みんな緊張のあまり手が震えていているように見えた。奥の部屋から話声がかすかに聞こえた。

「陸軍には申し訳ない。海軍には運べる船は…」

「潜水艦では…」

「潜水艦も相当アメリカ軍に撃沈されている。二島を救うことはできない。一島だけは撤退を何とかしたいと司令官と大本営は考えているらしい」

今から考えると、救えなかったアッツ島は玉砕。一島は奇跡的に無事撤退をした部隊で知られているキスカ島からの部隊の輸送であった。こんなことを話し合っていたことが、歴史をひもとくと昭一の当時の記憶と符合する。

満州転勤のときに、サハリン、千島列島の守備をする札幌に指令部があった北部軍の樋口季一郎中将・軍司令官から、父は言われたという。

「増田中佐は、北支の第一線で活躍し金鵄勲章までもらい、第五軍では潜水艦に乗船し、アリューシャン列島や千島列島などで陣地構築などの指導をし、この二年間、任務がきつかったと思う。この辺で休養を取ったほうが良い。満州あたりはどうかな」

普通の移動地は転勤命令である。樋口軍司令が父に、任地を命令でなく相談したことに感謝していた。それから数か月たって、父は陸軍大佐に昇格して満州第二六二部隊長に移動を命じられた。

第2章　満州へ向かった家族と昭一

家族の渡満と三女房子の死

昭一の家族が満州へ居住したのは昭和十七年であった。母や姉妹は満州に行くことを喜んだ。特に母の喜びは一様ではなかった。日本では、毎日、戦争のニュースばかりで食料も配給制になっていた。満州の実情は一般には余り知らされていなかった。当時の日本人にとって満州はあこがれの地であった。次女美津子と中学生の昭一を小田原に残し、母喜美子と長女綾子、三女房子は父とともに満州チャムスへ向かった。父は陸軍大佐で満州第二六二野戦兵廠部隊の部隊長でチャムスに在住した。母と二人の姉妹もチャムスの官舎に住むようになった。

ソ連国境に近い旧満州国（現在の中国東北部）野戦兵廠部隊は、兵器の貯蔵、兵器の修理とともに戦闘にも加わる部隊で、修理工場もあった。チャムスは三江省の省都であり、三江省は開拓団が多く入植した地域でもあった。現地では、牛や豚が多く飼われていることもあ

昭一の父増田清一（満州にて）

り、これらを媒介とする感染症の結核が流行していた。三女の姉房子は、それを知らず粟粒結核に罹った。これは、結核菌が人の体内に入り、肺ばかりでなく肝臓、脾臓、腎臓、髄膜まで急速に侵されて死亡する。家族がチャムスに着いたばかりのころで、チャムス医科大学の病院に入院してわずか一か月弱で房子は亡くなった。昭一にとって一番仲のよい姉で、享年一八歳であった。

昭一、満州のチャムス医科大学へ

父の部隊の建物の前には、佳木斯（チャムス）医科大学（現佳木斯大学）があった。畑違いではあるが、父と学長は親しい仲であったという。昭和二十年三月、昭一が小田原中学校卒業のころ、父は小田原中学校の成績を取り寄せて学長に見せた。学長は父に言った。

「成績はまあまあだが、知能指数（田中ビネー知能検査）が抜群だなあ。本医科大学を受験したらどうか」

そんなこともあって、昭一はチャムス医科大学を受験することにした。

父は、昭和二十年六月にチャムス二六二部隊から、牡丹江から二四〇キロメートルぐらい離れた愛河の第二六三四部隊部隊長、野戦兵器敞に移動して昇格し、陸軍少将になった。前線部隊長で少将になるのはまれであった。

昭一は、チャムス医科大学を受験するため満州に渡る旅に出た。しかし、一人で行ったわけではなく、秋山という四〇歳前後の軍属が昭一を迎えに小田原まで来た。昭一に対しては極めてていねいな言葉を使った。

「増田部隊長のご子息様、食事ですが、三日分のおにぎりを握って参りました」

秋山軍属は自慢そうに、一食分を鞄から出してちょっと見せた。

「家は百姓ですので、おにぎりは米でつくりました。おかずにイナゴのつくだ煮も用意しました。お口に合うかどうか分かりませんが、召し上がって下さい」

当時は軍人の家といっても食糧難であった。昭一にとって申し分のない大御馳走であった。

途中、昭一は大変な目に遭った。列車は小田原を出て順調に走ったが、大垣で空襲に遭って二日間ほど停車した。車窓からは大垣の街が焼ける炎を眺め、戦争の恐ろしさを初めて肌で感じた。それから下関まで、大きな町は空襲で瓦礫の街と化していた。焼けたトタン屋根の小屋がぽつぽつとあり、その光景に呆然とした。

その後、列車は空襲にも遭遇せず、下関に着いた。下関駅から佐世保への船旅のため、佐世保出港岸壁を歩いた。人糞があちこちにあった。トイレが足りなかった？　と理由を考えた。多くの兵隊たちが待ち切れずに岸壁のすぐそばで用を足したのであろう。昭一はその光景を見て、戦争に負けたとは思わなかったが、「日本は、もうだめになったな！」と思った。

夜になって佐世保港から出港した。玄界灘の波は静かだった。艦内放送で、「いつ潜水艦に攻撃されるか分からないので、救命具を着け、できるだけ甲板に出るように！」との通達があった。昭一は甲板に出ていた。航海中は、幸運なことに何の事故も停船することもなく、四時間ほどで無事に釜山港に着いた。

釜山の町は、空襲の跡はなく平穏そのもの。日本で空襲の戦禍を見た後では、別世界の街並みであった。街を歩くと、路地では餃子やチエンピン(煎餅。穀物の粉を薄く焼いたクレープ）が売られていた。日本より食べ物が豊富だと羨ましく思った。

釜山から京城経由で満州に入った。朝鮮の中心地である京城（今のソウル）では乗り換えの時間があり、駅の近くの公園を歩いた。整備された広場で、子どもたちが笑顔で楽しそうに空高く縄を回して縄跳びをして遊んでいた。平和そのものの光景であった。日本では、空襲で多くの鉄道沿線の町は殺伐としていた。子どもたちは外で縄跳びなどで遊んではいなかっ

当時の牡丹江の市街

た。学童疎開が盛んに行われていたときであった。

　どのようなルートで行ったか記憶ははっきりしないが、満州鉄道をいくつか乗り換えて満州東部の主要都市である牡丹江駅に着いた。朝鮮とも違う満州の街並みや、歩いている人たちの服装を見た。はるばると満州に来たことを実感した瞬間であった。そこでさらに乗り換えてチャムスに着いた。昭和二十年四月初旬のことである。

　満州は実におだやかだった。日本では毎日のように都市が破壊されていたころである。満州では戦時の雰囲気が全くなかった。平和とはこんなものかと、強く印象に残っている。

チャムス医科大学は開拓医学の拠点

　チャムス医科大学は昭和十五年に開校した。昭一は第六回生として入学したが、昭和二十年、終戦とともに閉校となった。しかし、現在では国立佳木斯大学として教育・研究が行われている。昭一が入学したときの建物は、現在も使われている。

佳木斯(チャムス)医科大学(現佳木斯大学)

昭一がチャムスに到着すると、父は入学手続きのためにチャムス医科大学に来た。そこで父と再会した。父は釣りが好きで、三日ほど二人で松花江の川べりで釣りをした。よく釣れた。当番兵の二人が魚をさばいて天ぷらにしてくれた。現地の人たちが「ギイギイ」と言う美味しい魚であった。

医科大学の生活は、学生全員が寮生活をしていた。授業は正常に行われていて、しかも授業時間も多く、寮と学校の往復の毎日であり、チャムスの街の記憶はあまりない。寮では、上級生とともに四~五人同室である。先輩は威張ることもなく下級生とも同等に接してくれた。日本人だけでなく、満人・蒙古人・白系ロシア人・朝鮮人が同室していた。医科大学の校内でも上級生・下級生の上下関係はあまり厳しくなかった。つまり、「五族協和」の精神がまだあった。

ところが、同室の一人の学生は医学の本を読むより、もっぱらボタンに針を通すような手術の縫い方の練習をしていた。昭一は手術の技術に興味を持った。短い期間ではあったが、三年先輩の中国人の賀さんに教わりながら、縫合の技術を一緒に練習していた。賀さんに言われた。

「お前知らないのか。日本人と中国人は今戦争している。戦争には外科医が必要だ。分かるかな。一つの作戦では多数の戦死者、負傷者が出る。外科医が必要になる。俺は中国人だが、増田は日本人だ。おたがいに国家のために尽くそう」

賀さんはスパイではないかと思ったが、考えてみると、忙しくて外へ出る機会などほとんどない生活ではスパイはできない。彼は愛国心で言っているのだ。彼の立場だったら、そう考えるはずだと昭一は思うようになった。夏になるころには、賀さんよりも速くうまく縫えるほどに上達した。昭一は生まれつき手先が器用であったのだろうか。

春からのぎっしりと詰まった授業と実習で、医科大学周辺の野山の草花などの自然の変化の記憶もないまま、七月下旬に夏季休暇を迎えた。昭一は学長に会いに行った。ノックして学長室に入り、昭一はおそるおそる申し出た。

「八月に入ったら二〜三日でよいので、牡丹江へ帰省をしたいのですが」

学長はうなずいた。

「私も増田隊長に久しぶりに会いたいと思っているが、息子が会いにいくのが一番だ。ただし、戦時下であるから一週間ぐらいでどうか。七月三十日から八月の十日ぐらい。つまり十日間の帰省を許す」

と学長はニコッと笑った。昭一はドキッとして最敬礼をした。せいぜい二〜三日程度だと思っていたが、学長が配慮してくれたに違いない。嬉しかった。しかし、このとき、この休暇が昭一の人生を大きく変えるとは知る由もない。


チャムスから愛河まで二四〇キロメートル余り。牡丹江駅から近く、東へ三つ目の駅が愛河である。チャムスを夜行列車で立ち、愛河には翌朝に着いた。すぐに父は昭一を連れて牡丹江の岸辺に釣りに行った。父はどこへ行っても川釣り、海釣りをしていた。父とのんびりと楽しく過ごしたこの一日が、満州において父と楽しく過ごした最後の日であった。

牡丹江の港

牡丹江市のまわりには多数の部隊が駐屯していた。父の二六三四部隊から一キロメートル離れたところの掖河には満州の北方を守備範囲とする関東軍・第五軍司令部があり、その配

牡丹江の港（大河・松花江の支流）

下の二六三四部隊は主要な部隊であった。少尉以上の将校が三〇名以上、兵士一五〇〇名、満州人工員のクーリーと呼ばれていた者は八〇〇人近くで、部隊総員二五〇〇名ほどであった。

六〇キロメートル先のソ連との国境に近い虎頭には日本軍の要塞地帯があった。残念ながら、防御の要となる数門の要塞砲も秘密裏に南方方面に運ばれていたという。「あの部隊には要塞を維持する戦力、兵器もなかった」と後日、父から聞かされた。まさに張りぼて要塞であった。

昭一は、牡丹江に帰省して時間があるので、許可を得て愛河の部隊のなかを見た。多くの倉庫が立ち並んでいた。

しかし、体育館のような大きな倉庫のなかをのぞくと空っぽであった。後で尋ねると、かつてはどの倉庫にも戦車が入っていたと言う。

＊　＊　＊

昭一は、日本への帰国を果たし、戦後の混乱期を公立小学校の教師として務め上げながら、満州でどのような戦争が行われたのか、父の部隊が当時、どのような行動をとったのか、自身の戦争体験とも絡めてさまざまな資料をひもといた。

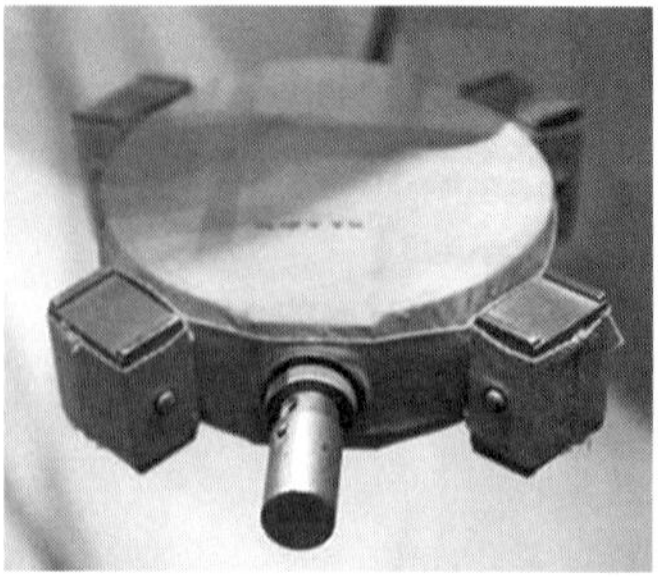
99 式破甲爆雷

二六三四部隊の戦車隊は、サハリンへ向けたソ連軍の小型戦車隊が国境に集結しているという情報から、国境周辺に待機していた。二六三四部隊の戦車隊は五日間、ソ連戦車隊を食い止めたとされている。公表されている北方諸島へのソ連侵攻は八月十一日となっている。

ソ連の国境まで六〇キロメートルに位置する関東軍なのに、多くの部隊は太平洋戦争の悪化を食い止めるため、大砲や多くの兵器を南方の激戦地に送った。残っている兵器は全くないと言ってよかった。そして、ソ連の戦車を食い止める兵器を兵器担当技術者は開発していた。といっても戦車を破壊する大砲は南方戦線へ輸送され、肉迫攻撃しかない。兵隊は、弾薬一〇キログラムを装填し丸い筒に火を付け爆破する九九式破甲爆雷を抱えて戦車に突っ込む訓練をしていた。リヤカーを戦車に見立てて肉迫攻撃の演習を行っていた。

前ページの写真はアンパンと呼ばれる、戦車に体当たりして攻撃する特攻兵器で、九九式破甲爆雷である。兵隊は、身体に二個巻き付けてソ連の戦車のカタピラに飛び込むのだ。

ソ連軍のＴ34という当時最強と言われる戦車に対して、日本軍は九九式破甲爆雷で突入した。この爆雷は、ノモンハン事件当時に開発された兵器であるが、そのときもソ連軍の小型ＢＴ５型戦車の六〇ミリメートル装甲を破壊することができなかった。新型最強のＢＴ34型戦車の装甲を破壊するには、この爆雷が三個必要と内密に試験されていた。しかし兵隊たちは爆雷二個を針金で結んで突入した。その結果Ｔ34戦車に対する効果は少なかった。日本軍の特攻作戦で炎上したソ連軍の戦車はわずかであったという。事前に分かっていた情報を無視して、兵士たちに二個の爆雷を与えて戦場で無駄死にさせた。

ソ連軍の T34 型戦車

一方、ソ連軍の戦車砲は威力があり、独ソ戦では八五〇メートル先にいた当時のドイツ軍戦車を破壊することがで

きるほどの威力があった。また、ソ連の戦車の製造能力もすごかった。一日に一〇〇台以上を生産したと書かれている。さらに、ソ連軍のマンドリン（カチューシャ）と呼ばれている小型自動小銃も接近戦には威力を発揮した。連発数が多く、取り扱いも簡単であった。

ソ連陸軍の銃器のレベルは高く、独ソ戦で勝利したソ連軍侵攻部隊の指揮官は、作戦技術・手法も熟知していた。砲撃、空からの爆撃、戦車を使った突撃戦闘など十分に訓練されていた。無差別攻撃、最初に満州に侵攻したソ連軍の兵士は囚人兵が主体であったとの噂があったが、後日、ソ連軍の資料を確認すると訓練された兵士たちであった。

「ソ連の国土は広いが、気候風土が険しく貧しい国」と太平洋戦争時には思われていたが、石炭・石油・鉄がきわめて豊富であり、統率された軍隊であり、日本が勝てる国ではなかった。

ソ連は、第一次世界大戦の結果を見て、国を守るために軍備を整えねばならないという考えを持ちつづけ、軍事力の充実に大きな予算をさいていた。一方、日本軍は第二次世界大戦では、南方でも満州でも、特に陸軍は銃剣突撃が主流のままであった。日清・日露の戦争のときには通用した軍備は世界の趨勢から遅れていた。第一次大戦のときには、ドイツ、フランス、イギリス、その他各国は戦車、飛行機、機関銃、大砲を繰り出し、壮絶な戦いをした。日本は、第一次世界大戦に参戦し、ドイツ統治下の青島とマーシャル群島を得たが、まず砲撃で拠点を落としたことを重視しなかった。日本陸軍の兵士はまさに消耗品であった。その思想が第二次世界戦争で多くの兵士を殺してしまった。

当時の日本陸軍幹部は、ソ連やアメリカに駐在した軍人がいたのに、大国のソ連やアメリカと戦って勝てると思っていたのか理解に苦しむ。ソ連国境で起こしたノモンハン事件の敗北は、二人の参謀が作戦を練った肉弾戦であって、ソ連軍の戦車隊に完敗した。日本軍が勝てる戦いではなかった。ソ連軍は、何百キロメートルも離れた製造工場から、列車と自動車で兵員、戦車、重砲をつぎつぎに移送した。

それに対して、関東軍は参謀らの作戦で、初期の戦闘には戦闘機、戦車などを使用し短期間では戦果を上げたが、その後、これらの戦闘機や戦車を移動させた。兵隊の命のことは考えていなかった。命より兵器の方が大切であるという作戦はむごい。このとき、二人の参謀が軍事裁判で厳しい処分を受けていたなら、その後の戦い方に変化があったかもしれない。

明治時代より終戦まで、「上官の命令は絶対」という指揮系統がつづいた。この考え方は絶対に避けなければならない。若者を無謀な作戦で殺してはならない。参謀のなかにも指揮官のなかにも、多くの作戦に納得できない者が多かったと思う。自由に上申できる組織体系ができていなかったことが、太平洋戦争で多くの尊い命を無駄に失った最大の原因だった。

＊　＊　＊

昭一が愛河に帰省中、父と母は同じ部屋に、昭一と当番兵二名は別々の部屋にいた。当番兵とは仲よく話し合った。一人は上等兵、もう一人は軍曹である。

ある夜、父が寝ているときに、昭一は父が腰に掛けているカバンを密かにのぞき読みした。文書には、国境にはソ連の戦車部隊が数多く進駐していることが書かれていた。

「これは危ないな！」と昭一は思った。しかし、来年三月まではソ連との休戦協定があると信じていた。

兵廠部隊の多くの家族の住宅は、今でいう２ＬＤＫで長屋のように並び、家族同士の付き合いをしていた。話し声や笑い声が聞こえ、穏やかな部隊官舎の光景であった。

八月六日に広島に新型爆弾が落ちたという放送があった。八月六日以後も、国境地帯にある二六三四部隊の家族は何の指示も受けなかった。ニュースを聞いたり新聞を読んだり、案外のんびりとした生活をしていた。昭一は父の重要書類にあったソ連の戦車部隊の進駐が気になっていたが、それでもソ連軍の侵攻はないと信じていた。九日までは平和な暮らしをしていた。

第3章　ソ連軍の満州侵攻と開拓団の悲劇

ソ連軍の満州侵攻

九日午後二時、電話がけたたましく鳴り響いた。当番兵が飛び起きた。緊張した声が響いた。

「分かりました。増田部隊長に連絡します」

「隊長殿に司令部から命令がありまして、直ちに集合とのことです」

父は普段通りの顔をして軍装して母に向かった。

「これが最後かもしれない。ありがとう」

昭一の方に向かって一言、父は言った。

「母を頼む！」

「武運長久をお祈りします。お体を大切に」

それが母と父の最後の会話であった。

父はそのまま迎えに来た乗用車に乗って去って行った。

昭一はその夜、深夜まで医科大学の一般衛生学の勉強をし、その後ぐっすり寝てしまった。父は一時半過ぎに、身辺整理のために一度帰宅していた。これが最後だと思ったに違いない。熟睡した昭一に向かって長い間、敬礼して黙って去って行ったと言う。そのことを後から当番兵から聞いた。目頭が少し熱くなった。それから六年間、シベリア抑留から小田原に帰って来るまで父は音信不通だった。

八月十日、丸一日掛けて母は数人の兵隊とともに大きなリュックサックの荷をつくっていた。当番兵は昭一に向かって言った。

「お坊ちゃん、勉強する暇はありません。ソ連軍は古林近くまで戦車を中心に数個師団で攻め込んでいます」

水、おにぎり、コメ一升、服は冬服、毛布、缶詰三個など二つのリュックサックに入るだけ詰め込んだ。母は言った。

「当番兵のみなさん、集まってください。さー、これからみなさんで宴会をしてください。家のなかの酒や缶詰を全部食べて、余ったら持ち帰って飲んでください。煙草も分けて吸ってください」

「よろしいんですか？」

「当たり前でしょう。自由に使ってください」

当番兵たちは喜んだ。輪をつくって、「遠慮なくいただきます」と言った。母は酒をついだり、牛缶詰を開けたりして当番兵たちを接待した。

二六三四部隊の移動

十一日朝、牡丹江から少し離れた愛河二六三四部隊駐屯地に集合命令が出た。

「第三倉庫に部隊家族全員、集まれ！」

倉庫に家族を集合させたのは、列車で避難させるためであった。しかしそのとき、部隊の家族たちは、わずか六〇キロメートル先に六〇数両のソ連軍の戦車がいることなどまったく知らなかった。

たくさんの家族が集合し、屋内運動場の三倍ほどの大きさの倉庫に入れられた。倉庫はじめじめして火薬や油、さびついた鉄の臭いが充満していた。戦況をまったく知らされていない奥さんたち。ある奥さんが兵隊に声をかけた。

「兵隊さん、倉庫の洗濯場を直して！」

「奥さん、いま忙しいので待っていてください」

それほどのどかで、奥さんたちに緊迫感はなかった。

昭一が集合場所に着くと、まもなく部隊長副官が「増田部隊長のおぼっちゃん、おられますか?」と探していた。敬礼の姿勢で「私です」と言うと、副官は言った。

「増田部隊長命令。増田昭一は、一兵卒として第三小隊第四分隊に入隊し、田中分隊長の指示を仰ぐように」

「三〇分後に迎えにまいります。用意してください」

と言って副官は去って行った。母は、水筒に水を汲み、飯盒と着替えを数枚リュックサックに入れてくれた。時間がない。周りにいる軍属の家族たちに感謝の言葉を述べた。

「いろいろお世話になりました。母のことをよろしくお願いします。皆様のご健康をお祈りします」

周りの軍属の家族の人たちは、涙ながらに言葉をかけてくれた。

「戦死しないでよ。病気はだめよ。生きて日本で会いましょう」

昭一は胸を張って敬礼をした。大きな声で「行きます!」と言った。

満州の開拓団の悲劇

八月九日午前零時、ソ連軍は一斉に満州国(現在の中国東北地区)に侵攻を始め、満州全土へ展開した。極東ソ連軍は、総員百万余の兵士、多数の大砲、自走砲、T34戦車数千車両、飛行機二千余機を擁する大部隊であった。

精鋭と言われた関東軍は、フィリピン、サイパン、硫黄島、沖縄などの南方方面に転用されたが玉砕した。また戦局悪化とともに日本防衛のために九州、本州へ配備された。このような状態から関東軍首脳は、日ソが開戦した場合、京図線(新京―図門)より南、連京線(新京―大連)から東を確保して持久戦にもちこみ、日本軍全般の作戦を有利に導こうとした。つまり、全満州の四分の三を捨て、新京を頂点とし朝鮮国境を底辺とする三角地帯を防衛しようとした。特に通化を中心とする東辺地帯を確保する作戦であった。満蒙開拓団や一般在満者など半数以上が所在する国境沿いの北部、東部地方は、ソ連参戦の約二か月前に、開戦のあかつきには放棄すると日本軍首脳部によって決められていたと言う。

しかも、ソ連参戦の時期は、情報機関によって分析されていたが、早ければ八月十九日ころと予想していたと言う。しかし、開拓団にはまったく軍からの通知もなく、対応もされないまま、突然のソ連軍の侵攻を受けた。混乱するなか、個々の開拓団の役員の判断で避難場所を決めざるを得なかった。開拓団の家族の夫たちは現地召集されていた。老いた者、子どもたち、乳飲み子と母親たちが残された。

開拓団の家族は、列車が停まり、徒歩で首都新京、ハルピン、奉天の大都市を目指したが、多くはソ連軍の襲撃や栄養失調とチフス・赤痢などで亡くなった。元気な子どもたちの一部が生き延びて孤児となり難民収容所へ入ってきた。

昭一は戦場へ

磨刀石の陣地に着くと、二六三四部隊の副官が鈴木中隊長にこそこそと話をして、昭一に向かって敬礼をして去って行った。兵隊たちはそれまで「タコツボ」を掘っていたが、ちょうど休憩になり、中隊長が全員を集めて大声で言った。

「ここにいる少年は、増田部隊長のご子息である。貴様らとともに戦う。増田君、一言」

「みなさんに負けないように戦車攻撃をし、靖国神社に行きます」

「え！」と兵隊たちは驚いた。ある兵隊が言った

「学生は靖国神社には行けけんが、がまんしろ！」と歓声をあげた。

昭一は学生服のまま後方の隊に入った。昭一は中学で軍事訓練を受けていた。小銃の撃ち方や整列の仕方、歩き方などは知っていた。週に二時間、教練の時間があり、三八式歩兵銃の訓練を受けていた。軍隊の兵器と同じだったので、操作や手入れはお手のもの。しかし、父が何を思って二六三四部隊に昭一を入れたのかは、そのときは分からなかった。

＊　＊　＊

なぜ父が磨刀石の前線戦闘部隊に昭一を加えたのか。シベリアから帰った父に聞いたこと

があった。父の話をまとめると、つぎのような状況であった。

倉庫に軍属の家族たちを集合させたのは、牡丹江へ自動車で脱出させるためであった。しかし、移動用のトラックが来ない。脱出できるかどうかの瀬戸際であった。倉庫の壁には、ダイナマイトを結んだロープが張られた。ソ連軍が襲ってきたら倉庫を爆破する計画であった。待機中、士官以上を集めた場所で若い将校たちは口々に言った。

「牡丹江への脱出は困難です。将校・軍属の四〇〇名の家族は、ソ連軍に辱めを受けるより、倉庫ごと爆破しましょう。お願いです。部隊長お願いです！」

しばらくして報告があった。

「情報が入りました。ソ連軍は虎林を占領し牡丹江へあと四〇キロメートルに迫っています。日本軍の防御は不可能です」

「軍属たちの家族を避難させるための自動車の到着は不明です」

部隊長は副官に命じた。

「中村中尉、司令部へ至急連絡をとってくれ」

戻ってきた中村中尉は伝令を部隊長に伝えた。

「司令部から二六三四部隊へ。一個中隊を磨刀石に出撃させるように。具体的な配置については、現地の指揮官・渡辺少佐から聞けとの伝令です」

部隊長は大声で副官に言った。

「家族たちがいる倉庫を爆破するかどうかはわしが決める。点火装置はわしが持つ。副官、点火装置を持ってこい。それと、わしの息子に戦闘に参加するよう、倉庫に行って伝達せよ」

部隊長の本心は、脱出は八割方困難で、若い息子を無駄死にはさせたくないと考え、戦場で戦わせたかったのだ。幸い、昭一たちが磨刀石に向かった後、ソ連軍の侵攻はなく、夕方には移送のトラックが到着した。ようやく牡丹江へ軍属の家族を送ることができた。


このとき、牡丹江周辺を守備する第五軍司令部周辺の所属野砲部隊に戦車砲はなく、急造爆雷で攻撃するしか方法がなかった。通化へ撤退する部隊か牡丹江を通過する多くの部隊から、一～二中隊を抽出し、磨刀石に複数の防衛陣を急築して、敵を全面的に撃破する作戦を取った。増田部隊長は技術将校を集め、急増爆雷の作製を指揮し、前線部隊に渡した。

二六三四部隊から選抜された戦闘部隊は、陣地構築のため、十一日午前十一時、石頭予備士官中心の猪俣隊の後方で地形に応じて配置し陣地をつくった。昭一が加わった中隊は、猪俣隊の二キロメートル後方の丘の斜面に配置して陣地をつくった。

不思議に思ったのは、陣地は「タコツボ」であった。本来は、溝を掘り通路をつくって攻撃用の陣地とするのだが、満州では、一人が入れる穴ぼこが掘ってあるだけの「タコツボ」

であった。そのタコツボから、ソ連軍の戦車に見立てたリヤカーに向かってキャタピラーに飛び込む訓練を何度も繰り返した。しかし、果たしてこの訓練が役に立つかどうか、指揮官も疑問に思っていたにちがいない。

＊　＊　＊

この光景をＴＢＳのテレビドラマ「遠い約束」に入れてほしいと話したが、採用されなかった。ドラマ用には、張りぼての日本軍の戦車がつくってあった。実際、戦車は少しはあり、また、張りぼてでつくられてもいたという。

第4章　磨刀石の戦い～生きて報告せよ！

ソ連戦車隊へ特攻作戦

満州国境地帯、樺太、カムチャッカ、北方四島の防衛線で、あるいは磨刀石でソ連軍と戦闘を交えたのは一週間ほどであった。このときに日本軍の六万五千人以上の兵士が戦った。なぜか火薬廠の倉庫にはダイナマイトが一・五トンほど保管されていた。ミカン箱ぐらいの大きさの木箱にダイナマイト二〇本を詰め、手榴弾を発火装置に使用した急造爆雷をつくった。その爆雷を背負い戦車攻撃をした。さもなければ、ノモンハン事件に使用されていた旧式九九式破甲爆雷を持って飛び出し、戦車攻撃をしたと記録されている。この戦いで、タコツボの中で三分の二の兵士はソ連軍の戦車砲で戦死した。

父が昭一に語ったことから推測すると、第五方面軍の「磨刀石」の作戦は、場たり的で急遽立てられた作戦であった。石頭幹部候補学校の十二日の朝礼では三、〇〇〇名の生徒に決死隊作戦が報じられた。その場で七五〇名が選抜され、貨車で磨刀石駅に到着。一〇～二〇キログラムの爆薬を背負い、駆け足で最前線に夕方着き、タコツボをつくったと記録されている。

八月十三日早朝より十四日夜まで戦闘がつづき、いくつかのソ連軍戦車を破壊したが、七五〇名の決死隊は、中隊長が戦死したので森へ撤退した。生存者は約一五〇名で、六〇〇名もの甚大な戦死者を出した。その後も戦闘は十五日午後まで及んだ。戦死者は一、〇〇〇名以上。しかし、この戦いで生き残った学徒兵の証言以外は、磨刀石の戦禍は、戦史に全く記録として残されていない。

「岸壁の母」の磨刀石

ただ、二葉百合子の「岸壁の母」を受け継いだ坂本冬美の歌謡浪曲「岸壁の母」のナレーションの部分に、磨刀石の戦いの事実が語られている。息子の新二は、学徒兵であった。

〈セリフ〉あの子が戦死したなんて、私は信じておりません。満州の牡丹江に近い磨刀石で新二が行軍中、敵の戦車隊に遭遇しました。「十二人は、散り散りに身をふせた。新二はドブのなかへ飛び込んだ。それっきり、後は判らない」と知りました……。でも、敵弾に倒れたと、ハッキリしていれば、諦めもつきますが、このままでは思いきれない。それがどうでしょう八月十五日の午後三時半ごろ……。その日は終戦の日なのでございます。〈浪曲〉たったひとりの愛し子の国に捧げた命でも戦い終われば母の手に〈セリフ〉「返して下さい――どうぞ返して下さい」親の身、わが子の生き死をも、わからない。こんなむごいことがあるでしょうか。

磨刀石の戦いの事実を知れば、なぜ母親がシベリア抑留者の帰る舞鶴港で息子の帰りを待っていたのか、その心情が痛いほど分かる。このような悲惨な戦いが、磨刀石で起きたことを多くの日本人に知ってほしい。

磨刀石の戦い～『戦場のサブちゃんとゴン』より

昭一が配属された二六三四部隊からの選抜部隊は、猪俣大隊配下の学徒兵で編成された特設荒木歩兵隊の後方に陣地を構えていた。その惨状は、増田昭一の著書『戦場のサブちゃんとゴン―満州・磨刀石の戦いを生きた二つの命―』（夢工房）に詳細に描かれている。ここではソ連軍との戦いを前にした兵士たちの心の内を抄録する。磨刀石の悲惨な戦いを物語にした唯一の本であろう。

＊　＊　＊

一九四五年の満州はとても平穏でした。戦争が行われているとは感じられませんでした。日本では毎日のように空襲を受けていました。東京、大阪、神戸や地方都市が、Ｂ29という大きな爆撃機による焼夷弾や爆弾で壊滅的な損害を受けていました。同じころ満州では、毎日の食事もコメやみそ汁を食べていました。お金さえ出せば、たまには餃子やパンも食べることができました。

このように平穏な満州でしたが、昭和二十年八月九日午前零時を期して、満州全土にソ連が攻撃してきました。国境付近を守っている日本の軍隊は激しい肉弾戦を行いました。しかし、圧倒的なソ連軍の戦車や重砲やカチューシャによる攻撃によって日本軍は壊滅状態となり、最後の地上戦を行った磨刀石では肉弾戦を行いました。

三郎はその戦闘に参加しました。武器は三八歩兵銃と九九式爆雷と手製の爆雷でした。明治時代の兵器と少しも変わらない兵器で、ソ連の戦車へ体当たりをしなければなりませんでした。全員特攻隊です。兵隊さんたちは死の覚悟をしました。そのとき、「分隊で演芸会をやるよ。うまいものがあるよ。酒が配られるそうだ」と、どこからか伝わってきました。時間は三〇分間です。兵隊たちには、このような機会はいままで一回もなかったのです。満州では栄養失調の兵隊はいませんでした。食糧も割合豊富だったからです。ソ連軍が進攻してからは、食糧は破壊炎上させるか、部隊へ渡すしか方法がありません。この部隊にも食糧が渡されました。

磨刀石の陣地をつくって一段落したのは、十二日の一七時ごろでした。翌朝、十三日の八時にはソ連軍と壮絶な戦いになるはずです。それを見込んで近くの糧秣廠から酒、羊羹、煎餅等を貰って最後の演芸会のために用意しました。

分隊最後の演芸会が始まります。園田分隊長の周りのタコツボに集まりました。十二日の午後八時、辺りは真っ暗です。砲声がひっきりなしに聞こえ、地平線近くでは照明弾が間断なく上がっています。園田分隊長が話し出しました。

「短い時間ではあるが、演芸大会を行う。出し物は一人三分、アンコールの場合はその限りにあらず。進行係は井上上等兵が行う。加給品を渡す。飯盒を持ってタコツボ配列順に分隊長の所まで取りに来い。酒は各自に三合当て、蜜柑の缶詰一缶、羊羹三本、鮭の缶詰一缶、十分に味わって食べろ！　今生最後の食事だ。あの世では食べられないかも知れない。分かったか！」

「分隊長殿も冗談がきついなぁ」

山田一等兵がまぜっ返しましたが、みんなの笑い声はありません。しかし、ここで受けた最後の補給は、戦時では信じられないほどの豪華さで、兵隊たちは大満足でした。今まで見たこともないすばらしい補給だったのです。

近くの野戦糧秣廠が、後方に輸送できないものを手当たり次第、放出したのがその理由です。糧秣廠が撤退するときは、作戦上爆破するか燃やすしかないからです。今まで関東軍は長期戦を予想し、軍の補給を小出しにしていた傾向がありました。井上上等兵は一気に飯盒の蓋で酒を飲みほして言いました。

「では最初に北海道江差出身、佐々木上等兵、合いの手、上山一等兵。気合を入れてやれ」

パチパチパチパチ……、暗闇のなかから拍手の音が聞こえます。

「はい、やらせていただきます。知っている方はご唱和してください」

「ご指名にあずかりまして、ありがとうございます。では、先陣を承ります。江差追分を歌わせていただきます」

(アーソシソイーソイ)

朝は朝霧　(アーソイ)

夜は波まくら　(ヤンサノエー　アーソイ)

海路遥かに　越えて行く　(アーソイ)

佐々木上等兵の渋い歌声と尺八の擬音と共に、合いの手がうまく組み合わさり、高く低く歌う声が響き渡りました。ときどき四～五〇キロメートル離れたところから打ち上げられる照明弾で佐々木上等兵と上山一等兵の顔がうすぼんやりと照らし出されています。三郎も聞き惚れていました。初めて聞いた歌ですが、なんとなく人の心を揺り動かすようなすばらしい歌だと思いました。つぎつぎと番組が進みました。ほんとに兵隊さんたちは芸達者がそろっていると感心しました。漫談もあれば、浪曲・清水次郎長伝のさわりや落語など、やんやの拍手喝采です。終わりに近づいたころ園田分隊長が言いました。

「お前たちにはかわいい子どもがいるに違いない。いま、その愛すべき子どもを呼ぶことはできない。しかし、思い出させてくれる少年がいる。佐竹三郎君に歌ってもらいます。この少年は母の看病で逃げ損なった。しかし、必ず生きて日本に帰ってもらい、我々の勇敢な戦闘のようすを語り継いでほしい。みんな、拍手」

あちらこちらのタコツボから拍手が鳴り止みません。三郎は決心しました。タコツボからはい出しました。

「兵隊さんに負けないように、がんばります。僕の大好きな『故郷』です。最初に父のただ一つの形見の品、トンボハーモニカを吹きます」

ズボンのポケットからハーモニカを取り出し口にくわえました。

兎追いし　かの山　小鮒釣りし　かの川　夢は　今もめぐりて　忘れがたき　ふるさと
如何にいます　父母　恙なしや　友がき　こころざしを　はたして　いつの日にか　かえらん
山はあおき　故郷　水は清き　故郷

ここまで吹いたとき、兵隊さんのなかからすすり泣きや嗚咽の声が聞こえてきました。三郎は途中で止めようと思いました。なぜか吹き終わったとき拍手はなく、兵隊さんたちの嗚咽だけが聞こえてきました。なかには号泣する兵隊さんもいます。

「佐竹三郎君、ありがとう、ほんとにありがとう。俺は、明日誰のために死ぬのか今まで幾ら考えても分からなかった。自分が明日、戦車攻撃をし、この世から消えてなくなると考えたとき、とにかく悲しく、怖かった。瞬間的に意識のない世界に突っ込んで行く。そして、俺が俺でなくなることはどんなことなのか……。むろん、天皇陛下のために死ぬということは分かっていた。しかし、そんなことをタコツボのなかで考えたとき、俺はほんとにそれでいいのか迷っていた。心のなかがすっきりしなかった。

明日、園田分隊長が『突撃』と言われても正直なところ突撃できるか自信がなかった。しかし、三郎君の故郷の歌でよく分かりました。故郷の父母や家族のため、友達のため、美しい故郷の山河を守るために死ぬのだということがよく分かりました。俺は安心して自分の信念を持って分隊長の命令により戦車攻撃ができます。

分隊長殿！　明日攻撃するときは『突撃』の代わりに、『ふるーさと！』と号令をかけてください。その号令でタコツボを飛び出します。そして、大きな声で故郷の歌を歌って戦車に体当たりしたいのです」

佐伯一等兵の言葉を聞くと、低く唸るような嗚咽があちこちのタコツボから聞こえてきました。兵隊たちは弱いから泣くのでありません。きっと佐伯一等兵の正直な気持ちと、心から出た言葉に対する共感が嗚咽に変わったのです。園田分隊長が立ち上がりました。

「佐竹三郎君の故郷の歌に大きな拍手をお願いする」

パチパチパチパチとあちこちのタコツボから拍手が起こりました
「明日の肉薄攻撃合図は、『ふるさとに』決める。それと同時に故郷の歌をうたって突入する。俺たちの本当の気持ちが故郷に届くようにな！　どうだ、異論はないだろうな」

「ありません！」

「分隊長殿！　ありがとうございます」佐伯一等兵の大きな声が聞こえました。

「では、最初に佐竹先生に『兎追いし　かの山』のところを一度吹いてもらい二度目からみんなで歌うことにする。みんなの願いが故郷に届くように歌うことにする。これが、戦場から送る最後の故郷への便りだ」

兵隊さんたちは声をそろえ大きな声で歌った。目には涙がこぼれていた。色々の思い出を残して楽しい戦場での演芸会は終わりました。そして分隊長が命令しました。

「三郎君、お前は明日になったら、この分隊から離れよ。お前には我々のように戦車攻撃をする必要はない。これは俺からの命令だ。心配せんでもいい。早朝四時、この陣地から離れよ。山地へな、分かったな」

二〜三歩歩いてくすびを返して言いました。

「三郎君は絶対死んではいけない。戦争というのは死ぬより生きる方が難しいのだ。無理な注文かも知れないが、俺たち兵隊がどのように死んで行ったか、頭の中に入れておいてくれ。頼む……。百姓・工員・作業員・大工・会社員、あらゆる職業の人が一銭五厘のはがきで召集され、戦うために訓練に訓練を重ね立派な兵隊に叩き上げられて、どんなに苦労して戦い死んで行ったか。日本に帰ったら、みんなに話すことのできる立場になってくれ。そして俺たちのことを書いてくれ。頼む！」

分隊長の目には涙が一筋こぼれていた。

「それでな……できたら俺たちの戦闘のようすを後で見にきてくれ、できたらな。無理せんでもいいから」

早口に言いつづけました。三郎が口を挟むこともできません。

分隊長は車座にもどり、しばらく酒を飲み交わしていましたが、突然、立ち上がってみんなの顔を一人ひとり見回しました。

「これで茶会は終わりにする。爆雷の取り扱いに十分注意せよ！　誤って安全ピンを抜かないようにな！　それから、明日の分隊の集合時間は夜の午後八時……」

と言って分隊長は空を見上げました。

「ええっと、ひ、ふ、み……そおっ、あそこに見える北極星に集合。分かったかな。忘れてはならん。絶対にな、絶対になぁ」

分隊長は何を考えているのだろう。一人の兵隊が言いました。

「分隊長、どうして北極星なのですか？」

「なぁ、そこまで俺に言わせるのか。行ったことはないが、天国は広いのだ。あの大空のなかでも北極星は動かない。同じ場所に座っている。迷ったらみんなは困るだろう。そこで人員点呼だ。天国があったら分隊全員で裁判を受けることになる。多分、俺たちは極楽行きだ。間違いなしだ。天国がなかったらここで解散し、それぞれの故郷の忠霊塔に帰る。迷うことなくそこへ行くことだ。ばんざい！ばんざい！と言われて、村人たち送られてきたからな。みんなが会いにきてくれるはずだ。勿論、親も兄弟も親戚も会いにきてくれるはずだ」

分隊長は全員玉砕を前提として話しているのです。生きるということは九九パーセントないということになります。

「これで解散する。この分隊で戦車一台は必ず仕留めよう。突入命令は、『戦車攻撃用意、ふるーさとー』で突入する。命令が聞こえない場合は各自の判断にまかす。成功を祈る。位置につけ！」

先程の分隊長の顔とうって変わって、引き締まった鋭い顔つきでした。それぞれが夜露にぬれたタコツボへ入りました。兵隊たちの墓穴になるのは時間の問題でした。

タコツボから肉弾戦

磨刀石におけるソ連軍との戦闘は、八月十三日の早朝から始まり、十五日午後までつづいたと言われている。昭一の部隊は猪股大尉の率いる磨刀石の主力戦闘部隊であった。前方の一個中隊は石頭幹部候補生の若い学生部隊である。一〇キログラム近い爆薬を背負っていた。戦場は高粱畑が広がっていた。タコツボから出て背丈ほどの高粱畑のなかを見え隠れしながら、駆け足で昭一の部隊の横を三八式の銃を持って汗を流して通りすぎて行った。みんな若い。泥だらけの顔を拭こうともせず。素晴らしい面構えであった。その姿が今でも目に浮かぶ。

昭一は、石頭幹部候補生の守備部隊よりかなり後方に陣地を構え、斜めに二〇〇メートルも離れたところのタコツボに入った。前線がよく見えるところであった。夜になると、国境線が赤く見えた。肉弾の兵士が入り込むのを防ぐために、ソ連軍は絶えず照明弾を打ち上げていた。その夜は霧が深かった。

十三日、朝起きたら、前方には石頭幹部候補生が肉弾戦をするため一〇キログラムの強力な爆薬を背負っていた。ソ連軍のT34の戦車のキャタピラーに飛び込んで爆破するはずで

磨刀石の戦場跡　前方の丘からソ連戦車隊が侵攻。平坦な畑に石頭学徒兵が陣を構築。昭一の分隊の陣地は右の丘(2009 年 5 月、昭一は磨刀石の戦場を訪れた。写真はインターネットより)

ある。朝五時ころ、まだ霧が深いので丘には敵の戦車は見えない。ところが八時ころになると霧がだんだんと流れ、丘の上にはソ連軍の戦車が一両、一〇両と見えてきた。霧がすっかり晴れると六〇数両の戦車が並んでいた。

八時一〇分ころ、ソ連軍の戦車が石頭部隊に向かって射撃を始めた。戦車砲は一分間に約一五発発射できる。石頭幹部候補生のタコツボは、戦車砲の絨毯砲撃で、頭や足は飛び、腹を撃ち抜かれた。生き残った兵士はタコツボから飛び出して行った。多くの兵士は「おかあさん!」、ある者は恋人の名前を言って突撃して行ったようにも聞こえた。よく見ると片足がない兵隊が這ってキャタピラーに向かって飛び込んだ。戦車は一瞬三〇センチメートルほど跳ね上がったが、何事もなかったように前進して行った。

これらの出来事が丘の上のタコツボにいた昭一の目の前で起きた惨状であった。砲弾が、すごい音を響かせ頭上で爆発する。砲弾の断片が矢のように地上に落ち、兵士に突き刺さり、首を切断、胴体を切り裂き、腕が飛び散り、あっという間に戦死者と負傷者だらけになった。戦車に突入する兵隊は一人もいなくなったように見えた。しかし、中山上等兵が「ふるさと！」と大きな声を出しキャタピラーに突入するのが見えた。隣の分隊からも数名、硝煙のなかから這いずって攻撃をする兵士がかすかに見えた。

ソ連の戦車で故障したのは、一両はキタピラーが外れ、もう一両はクルクル回っている、その二台だけであった。近代兵器を持たない日本の兵隊は、いかに残酷な死に方をしたか。しかし、戦場では不思議に恐怖感が湧かなかった。あるのはソ連軍を一人でも多く倒すこと、その敵がい心でいっぱいであった。

磨刀石の戦場を見下ろす場所に
碑が建立されていた

「生きて報告せよ！」

昭一は分隊長の命令で戦車攻撃ができなかった。突撃の直前、分隊長は「増田昭一は兵士ではない。この惨状を生きて報告せよ」と言い残して一四人の兵士たちを連れて突撃した。そして全員、戦死した。

ソ連軍の一台に目標を定め、昭一がタコツボからはい出そうとするその瞬間、六メートル先に戦車砲が爆発した。昭一は爆風でタコツボにたたきつけられ、意識を失った。どのくらい時間が過ぎたであろうか。気が付くと上半身血だらけでぼんやりと前方を見ていた。その瞬間、二〇メートル先にＴ34の戦車が見えた。砲塔の先端で少年兵がマンドリンを構えて昭一を狙っていた。昭一はとっさに目を半開きにし、右手を目のまえに置いた。血が滴り落ち、顔半分が血に覆われていた。死んだふりをした。少年兵は銃口を昭一に向け、引き金を引いた。銃弾を浴びせられ、そのまま昭一は気を失った。

それから何時間たったか分からない。突然、ズボンを脱がされる感じがして意識が戻った。日本語で叫んだ。「俺は兵隊ではない！」と叫んだように思う。農民が死んだ兵士の服や所持品を取って行くのだ。その前に、ソ連軍が戦場整理という名目で、日本軍の重要書類を探すことが目的だが、実際には日本兵の持っている時計や金目のものを奪う。少し過ぎてから周辺の満人がやって来る。日本兵の服や下着、金目のものを奪うのだ。昭一の周りに四～五人の満人が集まり、ズボンを取り合っている。昭一はまだ正気には戻ってはいない。ぼんやりと満人のやることを眺めていた。

中国人に助けられる

昭一が満人にズボンを脱がされたとき、突然、日本語を話す男が現われた。父の部隊の中国工員の親分だった。名前はジャングイと言った。昭一の「増田」と書かれている胸の名札を見て「あなたは、増田部隊長の息子さんか？」と尋ねた。昭一は頷いた。すると、ジャングイは満人に向かって大きな声で叫んだ。

「静かにしろ、おれの話しを聞け。増田部隊長には大恩がある。おれの息子がジフテリアにかかったとき、牡丹江の病院にはワクチンがなかった。増田部隊長は軍事電話でチャムス医科大学に連絡を取った。「ワクチンがある。すぐ行け」と言われた。それで息子は助かった。お前たち、みんなで恩を返そう。お前たちも仕事をもらった恩があるはずだ。そのズボンを返してはかせてやれ。おれの家で治してやる」

「陳は二名を連れて戸板を持って来い。留は漢方医を連れて来い」

とジャングイは指図をした。

まだ昭一の意識はもうろうとしていた。青空がまぶしく輝いて見えた。急に暗くなった。がやがやと話し声が聞こえてくる。漢方医やって来た。全身裸にして、丁寧にお湯で拭いた。漢方薬とチャンチュウ酒の匂いがした。負傷は手首で三センチ幅、深さが二センチほど、かなり出血してショック状態で意識は混濁していた。傷の周りには血餅ができ、じゅくじゅくとまだ血が出ている。中指の先が切断されて血が出ている。しかし、致命傷ではない。

漢方医が、「スコシ　イタイカラ　ガマンシロ　コノテイドノキズ　タイシタコトナイ」と言いながら、縫い針をチャンチュウ酒に浸し火をつけ吹き消した。「コレデキルノハ　ワタシダケ」と自慢をした。ところが手術中、手を止めて、「コレナンダ、コレナンダ」と言った。それを引っ張って「コレイタイカ」と聞いた。昭一は小さい声で「痛くないです」と言った。漢方医は「ダイジョウブ」と言って、また縫い始めた。「コンド　ナカユビイタイゾ、ニホンジン　ガマンデキルカ」と。昭一は「我慢できます」と言った。

不思議なことに、ここまでの手術は少しも痛くなかった。昭一は黙って天井を見ていた。薄暗い天井に蜘蛛の巣が広がっていた。突然、大きな蜘蛛が降りて来た。黙ってそれを見つめていた。一八歳くらいの娘が、小さい竹の棒を持って来て、くるくると糸を巻き、蜘蛛を乗せてかまどの方へ持って行った。戻ってきて言った。

「増田さん、気がつきましたか。意識を失ってから一日半です。ちょうど今、お昼時です。お腹すきましたか。ギョーザを用意しておきました。食べてください。私がつくりました」

間もなく娘は、大きなどんぶりに水ギョーザを入れて持って来た。昭一の上半身を両手で支えて起こしてくれた。昭一は右手を固定されているので食べることができない。娘はすぐに気がつき、食べさせてくれた。

窓から陽が差し込んだ。おかっぱの娘の目は澄んでいた。初めての経験である。娘は「私は李です」と名乗った。ジャングイの娘だ。

「日本語がうまいですね」

李さんはちょっと下を向いて、「日本語学校へ三年間通っていました。日本人の友達、たくさんいました。戦争に負けてかわいそう」と言った。

李さんのお母さんがときどきやって来て、昭一のひたいに手をのせ、熱をみたり心配をしてくれた。

三〜四日たつと体がだいぶ回復してきた。手は包帯だらけだが痛さは感じられない。親分であるジャングイ家にどのくらい厄介になったかことか…。

留さんがやって来て言った。

「ソレンヘイタイ　ニホンヘイガリ　シテイル。ジャングイ　ボタンコウエキマデ　アシタ　オクル。ワタシ　ジュンビスル。マスダヨウイスル」

ソ連軍が生き残った兵隊を探しているのだ。見つかった者はシベリアへ送られた。

李さんは心配そうに昭一に付き添いながら言った。

「今日の夜、これからの旅の幸運を祈るため水餃子つくります。少し待っててね」

その夜、ジャングイの家族三人と昭一は食卓をかこんだ。薄暗いローソクの火が小さく揺れていた。小さい声で話す。ソ連兵が略奪・強姦に来るという。そう言えばお父さんが、さっき、かんぬきに五寸釘を数か所打ちつけていた。ときどき、昭一の方を見ながら中国語で三人は話している。何を話しているかはよく分からない。

しばらくして李さんは、「明日、荷車に高粱を乗せて、そのなかに昭一さんと私も乗って行く」と言った。理由を聞くと、ソ連兵の臨検に遭ったときに、「私の熱高いので、これから牡丹江の医者へ行くと言う。昭一が出たら途端につかまってソ連の収容所に連れていかれる」と言った。

翌朝、親分のジャングイは私の姿を見て、「テンホウ　メイユウ」と言い、中古の中国服をママーに持ってこさせた。そして、「ニデ、ブシン」昭一の服と取り換えさせた。ソ連兵に見つかったとき、日本兵に間違えられると思ったに違いない。このとき昭一がもらった中国服（満服）は、ハルピンから新京の難民収容所の生活まで、ずいぶんと助かった。

昭一と李さんは別々に二枚重ねの麻袋に入った。マーチョの台の上には、古ぼけた布団の下にわらが敷いてあった。その上に高粱の長い茎をたくさん重ねて、ジャングイは「しばるぞ」と言って縄をかけた。「チェ、チェ」とジャングイは馬の手綱を引いた。カタカタガタガタ、車が前後左右に揺れる。八月の末ころの満州は寒い。隙間風が吹いてくる。満服を着ていても寒い。

「ワタシ　サムイ　サムイ　マスダサンノフクロニ　ハイッテ　イイ？」

昭一は一瞬ためらった。母からは「部隊長の家族として恥かしい行為は絶対だめよ」と常に言われていた。しかし、今は、立場が逆転している。

「どうぞ、あなたが良ければ」と言って彼は袋を広げた。

「アリガトウ」と李さんの小さな声。

李さんを袋に入れてから、昭一はどんな姿勢でいたらよいか迷った。

「寒いから私を抱いて」李さんはこともなげに言った。

迷っていると、彼女のほうから抱きついてきた。昭一も思い切って抱きしめた。

「温かくなったでしょう」と耳もとでささやいた。

李さんは、体を強く密着させ足をからませてきた。荷車が揺れるたびに、二人の体は動いた。昭一は揺れるにまかせた。そのたびに李さんの胸が昭一の頬や額に柔らかく触れる。昭一は心が乱れそうになった。

李さんが昭一の足のくるぶしをさすった。その手が昭一の満服の股の上をなぜるように動いた。

「どうしたの」

「くるぶしに虫がはっている感じがしたの。それで、手で触ってみたの、そのまま……。増田さんは感じない人……触れてみる?」

李さんは、軽く昭一の手首をつかみ、そっとそのまま下に誘った。昭一はなんのことか分からないまま李さんの手をほどいた。ジャングイの声が聞こえた。

「牡丹江の近くの村に着いたよ。ここからは歩いて一キロメートルぐらい、ここで降りたほうがよい」

ジャングイはマーチョを止めた。

李さんは慌てて袋から抜け出した。ジャングイと李さんはワラや高粱の茎を除いてくれた。昭一は袋から出た。天は抜けるような青空だった。大きな木の下でジャングイは昭一に言った。

「この近くにリョウという親戚がいる。そこにマーチョを預ける。ハルピンへ行くための三日分の食糧を買ってくる。この木の下で待っていろ。口を開いたらだめだ。日本人と分かってしまう。口がきけないふりをしていろ。ぼんやりと空を見上げていて」と言い置いて去って行った。

李さんは、「お父さんは増田さんの好きなものを買って来てくれるかしら…」と心配そうに言った。昭一は腹がすいているので何でもいいと思っていた。昭一はお金を持っていなかった。

しばらくしてジャングイが帰って来た。牡丹江からハルピン行きの切符と食糧を手渡した。

満人のなかの情報網は確かで、二六三四部隊の留守家族たちがハルピンにいることを知っていた。ジャングイ家に昭一は返しきれない恩を受けた。

第5章　難民収容所の孤児たち

ハルピンで母と再会

昭一がハルピン駅を降りると、駅前は人で埋まっていた。奥地からハルピンを目指して歩いてきた開拓団の人たちや戦場からの軍属らであった。駅前の家の壁に、たくさんの行き先を示す張り紙が貼られていた。

昭一は二六三四部隊の避難場所の張り紙を見つけた。高い塀で囲まれた西本願寺の境内の建物は二六三四部隊の留守家族や軍属の避難場所であった。

昭一が戦闘部隊に入るとき、四〇〇名以上の二六三四部隊の留守家族は大きな倉庫に集められていた。倉庫に留守家族が集められたのは、避難用のトラックを待つためであったが、トラックはなかなか来なかった。ソ連軍が迫っていた。兵士たちは戦場に出発しなければならなかった。若い将校のなかには、家族全員を爆死させることを主張する者もあったが、部隊長である父は、「一人でも多く、日本に帰すのが部隊長の任務である。最後の判断は私が下す」と、興奮している将校をなだめたと言う。幸い移送のトラックが調達できて、集団でハルピンに移送されたと言う。

西本願寺は広い境内と大きな建物があり、避難倉庫にいた部隊家族や前線から帰って来た軍属たちがいた。そこには昭一の母もいた。四五歳になった母と昭一は再会した。心労のためか母の髪は白髪交じりになっていた。母の変わりように昭一はショックを受けた。それでも再会したころは、母はまだ元気に部隊長の妻として留守家族のみんなを励まし世話をしていた。

将兵たちは武装解除されてソ連軍に連れ去られた。民間人で修理工や技術者に徴用された軍属たちは戦場に駆り出されていたが、軍人たちがソ連軍に連行されるときに解放されて、つぎつぎと避難場所の西本願寺に集まって来た。彼らは多くの将校や兵士たちの戦死を残された妻や家族に報告した。「〇〇少尉は敵弾で戦死しました。〇〇軍曹は突撃して亡くなりました」と。そのたびに母は、亡くなった家族の所にお見舞いに行き、謝り、一緒に泣いていた。軍人の妻は夫や息子が戦死して泣いてはいけないと教育されていたが、避難場所では戦死を伝えられた妻たちは号泣していた。一日中、母は亡くなった家族と一緒にいることもあり、母自身が徐々に衰弱していった。母は、部隊長である夫が武装解除しソ連軍の捕虜になったと聞かされてから、日に日に顔つきがこわばり、うつろな目になった。「お父さんは戦死すればよかった！」とわめくように母は言った。体力も衰えていった。

母の尋常でない姿を見かねた避難場所を総括する者が、「このままでは部隊長の奥さんはどうなるか分からない。そっと一緒にここを出るように」と昭一に指示した。

その夜、昭一は持てるだけの荷物をリュックサックに詰めて、母を連れてハルピン駅から新京行きの列車に乗った。列車は屋根のない無蓋の貨物列車で、避難列車であった。汽車賃を払った記憶はない。荷物を真ん中に積み上げて回りに人が輪になった。満人たちの略奪から荷物を守る知恵であった。しかし、列車が停まりソ連軍の略奪に遭ってしまった。昭一のリュックサックを少年兵が持ち去った。昭一は下車して追いかけた。少年兵は自動車の下に入った。そして、ピストルを昭一に向けてきた。しかたなく昭一は列車に戻った。もう手には何もない。

昭一は寂しそうに筆者に語った。

「私はこれまで人生でいくつも誤った判断をしてきたが、あのとき母を新京に連れて行ったのが良かったかどうか考えることがある。西本願寺にそのまま留まれば、母は気を取りなおして部隊長の妻としてみんなとともに生き抜いて帰国できたのかもしれない…」

父とは掖河の戦闘で別れた。その後の行方はまったく分からなかった。戦後、シベリアに抑留されて小田原に帰ってきても、「どこで何をしていたか」を詳しく語ることはなかった。

収容所の孤児たちのことがドラマ「遠い約束~星になったこどもたち」としてTBSテレビで放映されてから、ある人から連絡があった。部隊長の主要部隊は、牡丹江からハルピンに向かう途中で武装解除したと言う。父は無駄な戦闘をせず、自決もせず、捕虜の汚名を一身に受けて、辛いシベリア抑留を受け入れた。それは、部下を一人でも多く生きて日本に帰したかったのだと推測する。軍の家族たちを集めた倉庫での部隊長の決意は、「一人でも多くの人たちを日本へ帰したい」という執念ともいえる父の本心であった。

部隊長であった父は、ソ連軍の侵攻をかなり前から熟知していたのではないか。しかし、司令部の命令には従わざるを得ない。父は、兵隊も家族も無駄死にさせたくなかったのだ。

新京難民容収所の生活

何日、貨車に乗っていたか記憶は定かではないが、やっと昭一と母は新京の駅に着いた。避難列車が着くと日本人会の世話人たちが貨車から降りてくる日本人を順番に収容所に案内していた。収容所は市内の中心地に近いところが多かったが、昭一の入った収容所は中心地から少し離れた古い二階建てであった。

昭一が収容された新京敷島地区難民収容所(増田昭一著「約束」より)

小学校の校舎と思われる建物が避難民たちの敷島避難所になっていた。母と昭一は、そこで温かいお粥にありついた。日本会の人たちが炊き出しをしてくれていたが、十分な量ではなかった。昭一のいた収容所は富士見小学校だったと記憶していたが、後年、新京再訪のときに現地の人に尋ねても、そんな小学校はないと言われた。収容所を再訪したくて、昭一は二度も満州に行った。

収容所の窓ガラスは割れ、壁の木製の板は剥がされていた。剥ぐことができる壁という壁の板は薪に使われていた。昭一たち避難民はいくつかの教室に分かれて入った。一つの部屋に数十名、開拓団の家族や両親を亡くした子どもたちが多くいる部屋に二人は入った。昭一の周りには、親のいない子どもたちが輪になるように集まって来て、いろいろなことを語り合った。開拓団の家族の子どもたちのなかには中国人にもらわれてゆく子もあった。亡くなる子どもも多く、子どもたちの出入りは激しかった。しかし昭一の周りにはいつも十数名の子どもたちがいた。

昭一は一つの教室の班長になることを日本人会の世話人から頼まれた。みんなの世話を良くしている姿を見ていたからだろう。昭一のところに子どもたちがつぎつぎと集まって来るのは、子どもたちに安心感を与える優しさがあったのかもしれない。医師になりたいという思いを抱きつつ、昭一が小学校の教師として一生を終えようとしたのは、収容所における思い出を生涯にわたって背負いつづけ、また収容所でともに過ごした子どもたちと同年代の子どもたちに、収容所での出来事を伝えつづけることができると思ったからに違いない。

収容所のなかは極限の世界でありながら、なぜか子どもたちは明るかった。子どもたちの暮らしや真実の思い、友情などを昭一は後日書き綴った。それが『満州の星くずと散った子供たちの遺書～新京敷島地区難民収容所』『約束』の二冊の本になった。子どもたちは、「天国に行ける」と信じて静かに死を受け入れていた。

テレビドラマでは、収容所から町に出て物売りをする場面もあったが、昭一がいた収容所の子どもたちには、売るものを買うお金もなかった。日本人会が与えてくれるものを食べるしかなかった。みんな、栄養失調でふらふらしていた。昭一が働いてものを買い、子どもた

難民収容所で昭一は、「お兄さん」と呼ばれて子どもたちと輪になって話し合った（増田昭一著「満州の星くずと散った子供たちの遺書」より）

ちに与えることはあったが、それもわずかで、昭一自身が栄養失調で足取りがおぼつかなかった。

酷寒の十一月ころから、発疹チフスや赤痢で亡くなる子どもが多くなった。なかには自分の死を憶えておいてほしいと昭一に頼む子もいた。日本に帰ってから長い空白の時間があったが、昭一はここに残っている彼らとの会話を書き留めねばと思うようになった。

これまでの映画やテレビドラマでは、子どもの死を映す場面が少なかったと思う。「二十四の瞳」でも「危険な遊び」でも病気の場面を映すにとどまっていた。子どもたちの死に行く姿を数多く見てきた昭一は、その事実を自身が書き残さなければと、ひとときも頭から消えることはなかった。

母との別れ

十月初旬、寒さが感じられるころに昭一は新京敷島地区難民収容所に住むようになったが、着たきりの生活で不衛生な環境はシラミの巣窟となった。シラミが媒介する発疹チフスが難民収容所に蔓延した。十一月初旬には、母も私も身体が極度に弱り発疹チフスにかかってしまった。発疹チフスになると、男女別々に隔離された。母と別れてしばらくたった。ある日、「母が亡くなった」と連絡があった。隔離された伝染隔離部屋に行くと、すでに母はそこにはいなかった。享年四六歳であった。

発疹チフスで亡くなった者は、感染を恐れて素早く別のところに移されていた。母は着物の衿に紙幣を縫い付けていたのを昭一は憶えていたが、それを手にすることもできず、昭一はまったくの無一文になってしまった。発疹チフスで高熱にうなされ、生死をさまよった昭一は、若さと体力がまだあったので生き延びることができた。

冬に向かっていた収容所では、麻袋を重ね着しても凍える寒さであった。さらに発疹チフスが蔓延していった。零下二〇度以下にもなる過酷な寒さと飢えで体力は回復せず、歩くときはふらついた。しかし収容所で亡くなった多くの者は、飢えや寒さより発疹チフスの感染で亡くなった。遺体は一晩で電柱のように固くなっていた。

昭一は、難民収容所で孤児の仲間たちと互いに助け合い、懸命に生きようとした。着る物も十分ではなく、亡くなった者が身につけていた着物を着る者もあった。収容所で人が死ぬとなぜかシラミは逃げていった。食べるものも少なく、厳冬のわずか二～三か月の間につぎつぎと子どもたちは亡くなっていった。子どもたちは、天国を信じて静かに息をひきとり、自然と死を迎え入れていた。亡くなった子どもたちは庭の広場に安置し、小山のように土を盛った。小山が収容所の庭につぎつぎとできた。子どもたちの名前も人数も、永遠に伝わらないまま……。

よっちゃんの最後の輝き

昭和二十一年一月中旬のある日の出来事だった。十二月下旬に母を発疹チフスで亡くし、昭一自身も発疹チフスにかかりながら生きながらえた時期であった。昭一は発疹チフス後も体調は悪く、物につかまりながら廊下に出た。廊下は糞尿で凍りついていた。壁づたいに、よろめきながら歩いた。難民収容所の事務室で新聞紙をもらうためであった。前の日は寒くて昭一は一睡もできなかった。新聞紙をもらって、敷布団代わりに厚めに敷こうと思い、ふらふらと歩き出した。

その途中、新聞紙に小雪が積もり達磨のようになった物が、ゆっくりゆっくりと昭一の方に向かって来た。そのゆるやかな動きを昭一はぼんやりと見つめていた。少しずつ近づいてくる物をよく見ると、死んだはずの「よっちゃん」だった。風の便りで、よっちゃんは死んだと聞いていた。

「よっちゃん、まだ生きていたの！」と昭一は驚きの声を上げた。

よっちゃんは、か細い声で言った。

「増田のお兄ちゃん、よっちゃん生きていたの。心配してくれてありがとう」

……

「増田のお兄ちゃんを探していたの、聞きたいことがあったの」

よっちゃんの顔を見たとき、あと一日～二日の命であることが分かった。

「よっちゃん、何を聞きたいの」

「うん、増田のお兄ちゃん、天国に地獄もあるの」

突然のよっちゃんの質問に昭一は戸惑った。

半月ほど前に一〇歳以上の孤児たちと真剣に話し合ったことがあった。いろいろな意見があったが、年長者が支持した意見は、天国と地獄は人間のつくり話である。死んだら無の世界だというのが大半だった。昭一は迷った。しかし、よっちゃんに希望を持たせなくてはならないと気づいた。昭一は答えた。

「よっちゃん。よっちゃんは天国にいける。地獄に落ちない。天国は良いところだそうだ。死んだら、お父さんやお母さん、兄弟にも会える。そして、よっちゃんの友だちのさんちゃんや、ゆうちゃんにも会える。お母さんとお父さんは、きっとよっちゃんの好きな塩鮭の入った、おにぎりをつくって待っているよ」

うつろによどんだよっちゃんの眼は一瞬、光り輝いた。

「えっ、そう？　ほんとにそう？」

「そうだとも、そうだとも」

「増田のお兄ちゃん、ありがとう。ほんとにありがとう」

よっちゃんは、にこっと笑顔をつくった。そして、糞尿の積もった廊下に頭と手をつけて身をかがめた。

あの寒いなか、栄養失調で歩けないよっちゃんが昭一に救いを求めてやって来たのだ。死ぬのは怖くなかったけれど、死んだらどうなるだろうという思いが強かった。よっちゃんが立ち去るとき、寂しげに言った。

「増田のお兄ちゃん、日本へ帰ってね。僕たちの分も……」

「うん、でも分からない。よっちゃんといっしょに天国に行こうか」

「よっちゃんだけで、たくさん…」

よっちゃんは首を横に振った。それが生きているよっちゃんに会った最後だった。

翌日、壊れた窓越しに隣の室長が言いに来た。

「よっちゃんが死んだよ。来る必要ないよ。増田君も体が悪いのだから」

昭一は迷った。体力の限界に近づいていたことが身にしみて分かっていた。昨日は十数枚、新聞紙をもらってていねいに床に敷いたが役に立たなかった。床の小さな隙間から吹き込んでくる風に体中が冷え込んで動くことができないほどだった。よっちゃんと昭一は二か月くらいの付き合いであった。収容所に来た四歳から七〜八歳の孤児たちの多くは、一か月以内で死んでしまった。十一月に発疹チフスが流行し始めると大人も子どもも区別なく死んでいった。母は死に、なぜか昭一は生き残った。しかし、栄養失調と血便が出ていて、いつ天国に呼ばれるか分からない。身体一つ動かすのも大変だった。それでも最後まで昭一を慕っていたよっちゃんには一目会っておきたかった。

昭一は、そおっと起き上がり、体中をゆっくりさすった。そうしなければ動くことができなかった。よろめきながら、隣の部屋の入り口をあけた。入り口のすぐそばによっちゃんはいた。口を半開きにし、お尻を半分出して死んでいた。もっと部屋のまん中で死ねば寒くなかったのに。昨日の夜は氷点下二〇度以下だったのに…と思ったが、昭一には思い当たることがあった。収容所の死体運搬係りの人がいつも言っていた。

「おい、みなしご、話を聞け。死ぬときにはなるべく、入り口近くで死んでくれよな。毎日十数人も運ぶんだからな。こっちだってやっと運んでいるんだ」

死を悟ったよっちゃんは力尽きるまで、入り口を目指してにじり寄ったに違いない。

よっちゃんの顔は汚れていた。糞尿にまみれていた。急にかわいそうになった。この顔で天国に行ったら、父さん母さんがどんなに悲しむだろう。昭一は持っていた手ぬぐいでよっちゃんの顔を拭いた。しかし、汚れは取れない。かわいた手ぬぐいではだめだ。濡らさなくてはと、水を探そうとした。部屋中が凍りついていた。水があるはずはない。井戸に行って水を汲んで来る体力はない。仕方がない、昭一は社会の窓を開けて、小便で布を濡らした。やせ細った顔を丁寧に拭いた。顔の表面だけは見違えるようにきれいになった。

「これでいい。閻魔様にあっても大丈夫だ」

午後三時ころ、よっちゃんの死体は運ばれて行った。

昭一はいまでもときどき涙する。死ぬ間際の子どもに、なぜ「まだ生きていたの」と言葉をかけたのだろう。よっちゃんは言った。「心配してくれてありがとう」と。

死ぬ間際までまわりの人たちに気をつかって寂しく散った孤児たち。人生の最後の日に誰よりも光り輝いた孤児たちに人生の金メダルをあげたい。

冬の新京高等女学校と寄宿舎(右端)(﨑山ひろみ提供)

収容所の外で働く

収容所のなかで栄養失調でふらふらしていた昭一は、少しでもお金になる仕事があれば、思うように動かない体を振り絞って働いていた。三月に入ってから一〇日ほど、寝るところと食事付きの仕事があるという。新京高等女学校の寮の警備員であった。そこは米の飯があり、三食付きだという。さっそく応募した。たしかに白米で、まわりにとろろ昆布をまぶしたおにぎりであった。朝・昼・晩とも、こぶしくらいの大きさのおにぎり三個が日本人会から届けられた。おかずはないが、石炭ストーブ付きで、石炭は十分に補給された。三月はまだ寒い。しかも、夏服同然の服装だ。難民収容所にいたときは新聞紙を丸めて暖をとっていた。それに比べると、天と地ほどの

新京高等女学校の寄宿舎(右)と校舎(左奥)(崎山ひろみ提供)

違いであった。

一週間ほどたつと、昭一はどこからか力が湧いてきた。体力が回復してくるのが分かった。寮を守るために木刀が五本ほど置いてあった。二、三回、満人の泥棒が入ったが木刀で追い返した。

この寮は一週間ほどで改装して伝染病院になった。昭一は熱心な仕事を認められて警備員から引き続き、開業した伝染病院の看護師のような仕事をしていた。そのうち、医学生であることが知られ、試験を受けさせられて合格し、医療関係者として働き始めた。病院には、数名の日本人の医者がいたと思う。医師の出入りも激しかった。

三～四月は、新京市街では共産党軍(八路軍)と国民党軍の間で市街戦がつづいていた。

第6章　八路軍の医師として従軍

昭一は八路軍の従軍医師に

ソ連軍の撤退は五月とされているが、三月ころには蒋介石の国民党軍が新京に入って来た。医師を出すように命令したが、昭一が働いていた伝染病院の病院長は拒絶した。それから五日ほど過ぎると、今度は共産党軍（八路軍）が病院に来た。農民服姿の二名の（共産党）政治局員が言った。

「目下、交戦中で重傷者が多数いる。三〜四名の医師に三日ほど野戦病院で手伝ってほしい」

しかし、この病院には医師免許を持っている医師は三名いるが、全部取られてしまうと病院が成り立たない。医師の補助として医大生が四名ほどいたが、医師の卵というより学生である。病院長は、そのなかから二名を選ぼうと考えた。目くばせをして病院長は四人を別室に呼んだ。

「悪いが行ってくれないか。たった三日だから」

「全員ですか」

「全員に行かれては困る。このなかの二人だ」

病院長は公平を期すために、あみだくじにした。背を向けてあみだをつくり、四人の前に出して四人に横に線を引かせ、病院長がさらに二本加えた。さらにあみだを引く順番を決めるのにじゃんけんをした。結局、昭一と元ハルピン（哈爾浜）医科大学二年の青木さんが運悪くあみだを引いて、八路軍の野戦病院に行くことになった。

翌日、八路軍がマーチョで迎えに来た。姿を見るとやはり農民の恰好をしていた。本当の八路軍だろうかと相棒の青木さんに聞くと、諦め顔で言った。

「それは分からないが、八路軍は近くの山中で暮らす軍隊だから、しかたがない」

目的地に着いた途端に兵士たちから二人は「医師」と言われた。

「女性看護兵八名、衛生兵八名、護衛兵二五名、それで一小隊です」

と中国語で言われ、昭一はとまどった。一列横隊に並んだ。みんな農民の恰好をしていた。そして昭一は日本語で挨拶をした。

「軍隊は仲間が仲良くしなければ戦争には勝てない。病院に勤めたことのある経験者は手を挙げて……」

日本語が分からないのか、一人も手を上げない。みんなは医術を知らない。昭一は安心した。小隊の団結のために、昭一はマラソンをやろうとした。しかし、マラソン自体を満人たちは知らなかった。「イ・アル・サン」と声を出して二列縦隊で走った。これはチャムス医科大学で昭一が覚えた中国語のひとつである。

八路軍は軍隊と言っても自動車はなく、銃はイタリア製や日本製などバラバラで、かごに入れて天秤で担いで運んでいた。兵士には中国人のほかに、日本人、朝鮮人、蒙古人などもいた。

八路軍の正規軍の正装姿（農民服）

後日、聞いたことであるが、満蒙開拓青少年義勇軍の隊員の一部の者が八路軍に加わったと言われている。寄せ集めの貧乏軍隊であったが、規律はしっかりしていた。一八歳の昭一を八路軍の兵士たちは医師とは思わなかっただろうが、若輩の軍医として公平に扱った。昭一は衛生兵班四一名とともに、市街戦で傷ついて兵士の治療に当たった。毎朝起きると四二名で体操をした。三日どころか、いつ帰されるか分からない毎日となった。

八路軍は、おんぼろ靴を履き、服装は農民服でも、みんな仲が良かった。蒙古人はおだやかで人の良い者が多かった。朝鮮人は少し扱いにくいと思ったこともある。八路軍は、盗まず、婦女暴行せず、（非戦闘員を）殺さずの三つの規律が厳しく、特に婦女暴行に対しては死刑であった。そのため農民たちは八路軍に尊敬の念を抱いていた。八路軍の兵器は、日本軍、イタリア軍、ソ連軍のものなどがあり、銃の口径も違っていた。しかし、ソ連軍が撤退する際に、その兵器の一部は八路軍に渡り、その後、戦力は急速に増強されて、四年あまりで中国全土を制圧できたと言われている。

中華民国の軍隊（蒋介石が率いる国民党軍）は、米軍のような服装であった。八路軍に比べて規律が悪く、略奪・暴行が目立ち、国民の支持は得られなかった。国民党軍の兵士の多くは主に町から徴兵されていた。それに対して当初の八路軍の兵士の多くは農民の志願兵であった。一般人には極めて親切であり、民から食糧を奪うことはなかった。食べるものは時価で買った。安く値切ったりしなかった。高粱（こうりゃん）、粟、ひえなどの雑穀を食べ、豚肉などは、ほとんど食べなかったが、農民を味方につけた八路軍は、つぎつぎと地方の拠点を確保して全土を抑えた。「殺し尽くし、焼き尽くし、奪い尽くす」という戦争特有の残逆性は八路軍にはなかった。

昭一は一八歳で農民服を着て、後に数名の軍医（中国人）とともに従軍医療班の班長になり、新京からハルピン付近まで二か月の間従軍した。部下四一名はみんな信頼のおける仲間であった。新京からの従軍は八〇〇キロメートルもあったが、多くは列車で移動した。列車や線路は国民党軍に破壊されていたが、すぐに線路は修復され、交通網はいち早く回復していた。これは八路軍の主要な作戦で、内乱が早く終結した要因だと思う。ときには徒歩行軍もあったが、二日間歩いても周りの風景は変わらず、果てしない高粱畑であった。これが満州の大地だと、地平線に沈む夕日とともに昭一の脳裏に強く残っている。

昭一は若かったが手術はうまかった。他の内科の日本人医師より八路軍の兵隊は懐いてくれ、尊敬もされた。戦闘で浅い傷を負った兵隊たちは、ヨードチンキだけで治った。輸血用の血液は、血液型の測定ができないので、リンゲル液を試作したこともある。それほど医療器材は少なかった。効果があったリンゲル液もあったが、蒸留水をつくることはできたものの、ブドウ糖が不純でよいリンゲル液はできなかった。

このときの従軍中国人医師は漢方医であり、手術がうまくできない。手術の上手な日本人医師は特別扱いであった。昭一は一生懸命やれば、早く帰してくれると思ってがんばった。兵士たちにも、その気持ちが伝わったようだ。未熟な医師であったが、衛生兵たちは、昭一たち医師の言うことを聞き、友情さえ芽生えた。

八路軍は、国民党軍の多くの情報を農民からも得ていた。従軍中に農民の家に泊めてもらったりした。兵隊たちは牛小屋や豚小屋で牛や豚と一緒に寝泊まりした。ほとんどの兵士は、一見ボロボロ服ではあったが、泥にまみれた格好ではなかった。彼らの服装は、よく洗濯をしてあり清潔であった。ダニや蚤から身体を守る意味もあった。

八路軍には階級がなかった。帽子が古い者が階級が上であった。軍隊を指揮していたのは政治局員である。政治局員も同じ農民服（国民服）であったが、戦闘には加わらず兵隊の教育や農民の集会を開いて、八路軍の共産主義の方針などを説明していたようだ。命令系統は政治局員命令と戦闘隊長命令と複雑のように思えたが、戦闘の際は組織的に動き、しっかりしていた。

四平街という町の郊外に大きな湿地帯があった。五月くらいになると満州の平原は、青い花や黄色い花が咲き誇る美しい花畑になった。五日後に、近くの四平街市で国民党軍と大きな戦闘があるという情報を得た。そこには元日本人小学校があった。頑丈そうなコンクリートの校舎が野戦病院となり、中国人の軍医隊長がいた。軍医隊長は慈恵医科大学を出た医師で、日本語が話せた。共産党軍には階級はなく、たぶん大尉くらいの階級だっただろう。

病院には国民党軍との戦闘で傷ついた兵隊が運ばれて来た。治療薬といっても正露丸とヨードチンキぐらいで、薬らしいものはなかった。すべての薬はソ連軍に没収された。日本の大きな病院・大学病院の施設・手術室になくてはならないベッドやメス・ピンセットまで没収された。正露丸だけが多量に残された。理由は簡単である。ソ連の軍医が正露丸を少しかじったところ、あまりの苦さにびっくりした。これは薬ではない、工業用薬品ときめつけたらしい。略奪されずに残ったのは正露丸だけ。正露丸でよく治り、切り口もヨーチンでよく治った。

三日のつもりが、共産党軍に従軍して二か月間も四平街野戦病院で仕事をするようになった。忙しくて逃げる機会はなかった。こんなこともあった。戦場で体温計をなくした。衛生カバンからすり抜けたらしい。平原を三〇〇名の兵隊が三日三晩這いずり回って探しあてた。

八路軍の医療部隊の軍医と看護婦たち

近接戦闘のときは、手術はあまりできない。手早く止血する。昭一の止血はどの医師よりも早かった。寮生活で、賀さんと手術糸結びを競争して練習したのが役立った。日本人医師たちは内科医が多いため、お腹が痛い場合や発熱などの治療は上手だった。大抵は正露丸で治った。腹痛にはこの薬がよく効いた。しかし、戦争には外科医が必要である。戦闘が起こると、手足を切断された者、腹に銃弾が入っている者、貫通している者が戸板に寝かされ運ばれて来る。昭一は、第一に傷の場所を確認して、松・竹・梅に患者を分けた。梅は軽い負傷者で、昭一は竹の患者から治療することにした。大体一〇分から二〇分はかかる。松の患者は一時間以上かかる。死亡率も高い。負傷者を選んで治療に当たった。銃弾が心臓のある側や太腿に当たっていた負傷兵は救うことが難しかった。

梅の患者は割合早く戦場に復帰できる。手術するとき、付き添いの兵隊にやさしく中国語で「マンマンデスラーンド」と言う。しかし、うめく兵士に、つい日本語で「黙っていろ」と言って静かにさせたこともあった。素早く腕を動かして治療しなければならないが、薄いヨードチンキと中国酒しかない。急いで皮膚を縫ったり、止血したり、多忙な毎日であった。

八路軍の看護婦が役に立たないのは当たり前であった。生まれてから医者にかかったことがない者が多い。衛生教育も知らない。昭一は、夜の休み時間を使って外科用の手の洗い方を指導した。石鹸がないから灰を持ってこさせ、手首を洗うこと、手を洗ってからぜったいに物に触らないこと。触ったらやり直しをさせ、それを徹底した。

昭一は手術室に日本式の蚊帳をつるすように指示した。満州では手術しているときに蚊が足をさしたり、虫が飛んで来たりして集中力が欠ける。室内の場合は徹底させた。物珍しく見に来る看護婦もいた。水がないときはパイチュウ白酒で手をふかせた。布はもちろん沸騰した湯で消毒をしたものを使った。昭一が担当した患者には感染症が少なかった。つまり手術後の敗血症や、膿が溜っての重症化、発熱などが殆どなくなった。

昭一は縫合手術が速かった。戦場では止血が大切だ。当時の八路軍には輸血する血液はなかった。出血を極力おさえた。日本人医師たちは、昭一が医者ではないことに気づいていたが、彼らより手術がうまかったので何も言わなかった。医学生だろうが、うまいものはうま

満州の春の野原

い。運ばれて来る患者の多くは砲弾でやられた兵隊で、傷口を縫う手術が必要である。切り口を縫う技術が一番うまいのが昭一であった。野戦病院における日本人医師のなかで昭一は優遇されるようになり、農民から食べ物や焼き豚をもらったこともあった。

八路軍の医師・看護婦との出会い

共産党軍のなかでも日本人医師たちは尊敬された。兵隊は高粱、大豆、アワの飯であったが、四人の医師は白米のご飯であった。ときには鶏肉の大きな切り身を農民が届けてくれることもあった。このおかげもあって昭一の体力は徐々に回復していった。

厳しい冬が去った。五月、野に花が咲く春になった。満州は六月から七月になると季節が駆け足のようにやって来て一斉に野原に花が咲く。しかも春と夏が一度にやって来る。草原が見渡す限りお花畑に変わる。紫色の絨毯のような桔梗（ききょう）の花、稲穂が波打つようなオミナエシ、ワレモコウ、スミレ、タンポポなどが一面に広がる。空は真っ青に輝き、地平線が限りなくつづいていた。

軍隊のなかには中国人の看護婦もいた。昭一の部隊に日本語を上手に話す看護婦がいた。聞くと低学年のときに日本人小学校に通ったことがあり、その父は四平街市の繁華街で飯店をしていると言う。そこは宿営地から一〇キロメートル先だ。

昭一は満州に来て本格的な水餃子を食べたことがなかった。「食べたいな」と紅花（ユーチェン）看護婦に話した。すると、「明日、父に会いに行く。そのとき水餃子と饅頭を急いでつくって貰って、父と一緒にマーチョに乗って近くの丘に登って、お花を見に行こう」と紅花が誘ってくれた。昭一は、紅花に「昭同志」と呼ばれていた。

「昭同志は日本人ですが、看護婦の仕事をいろいろ教えてくれます。八路軍にはなくてはならない人です」

「セワニナッテイルコト　キイテイル　アリガトウネ」

と紅花の父は言った。印象は悪くなかった。

「ワタシ　チカクノ　トコロデ…」と紅花の父は、右手で飲むまねをし、ニコッと笑ってマーチョに飛び乗り、「チエ　チエ」と言いながら去って行った。紅花は、「あなたを呼ぶときにショウちゃんと言ったのは、日本人小学校に入ったときに同じ字の子がいて、ショウちゃんと呼んでいたからなの」と言った。私は、「それでいいよ」と笑いながら答えた。

そのときの昭一は、食い気だけが先行していた。八路軍が日本人医師に出す食事は白米が主食。おかずは、豚の切れはしが入った菜っ葉の炒め物だった。ひと月前と比べたら、だいぶ贅沢になってしまった。月とスッポンほどの違いである。

丘の上で花見をしようと昭一は紅花と一緒に歩いた。周囲が一望できる丘の上に二人で座った。広い大地は、ぐるりとまわっても美しさがとぎれなかった。満州の春は、四月になると、あちらこちらから緑の芽が萌え始める。春風とともに満州の春は爆発的というほど急にやって来た。四平街の丘にも若葉が吹き出て、スミレ、タンポポ、杏（アンズ）、桃の花が草原に広がっていたが、桜や梅の花は見なかった。杏は、満州国の国花と言われるほどに多い。満州の春は一か月。花が散ると若葉の草原になった。

花畑は美しかったが、紅花とその後、何を話したのか、昭一の記憶は不確かだ。どうして紅花が昭一を花見に誘ったのか分からなかった。野原の花々をぼんやりと眺めていたとき、紅花は、私の手を取って自分の胸にあてて両手で抑えた。昭一は、柔らかい肌の感触と女性のにおいを感じた。遠き日の母の匂いだった。でも、昭一はなんの感情を湧かず、ぼんやりと座っていた。水餃子と万頭をごちそうになったので、「ありがとう、ほんとに！」と言った。柔らかい肌と母のような女性の匂いが記憶の底から湧いてきた。年若い男女の感情が芽生えたかどうか定かではなかった。

花見に行った翌日、昭一は軍医隊長室に呼ばれた。隊長は日本語で、「紅花さんから、君と結婚の約束をしたいと報告があった。君は紅花さんを愛しているかどうか？」と尋ねられた。軍国主義がたたきこまれていた昭一は、男女の関係などまったく知らなかった。「嫌だ」と言ったら殺されるかもしれないと思い、私は思わず「ハイ！」と言ってしまった。隊長は言った。

「あなたは、立派な腕をもっている医師である。しかし、今、私たち八路軍は、国民党軍と戦いをしている。三年間ぐらいで八路軍は勝つだろう。今、結婚をすることはだめだが、交際は認める！」

「三日のつもりが、三年間！」と昭一は驚いた。隊長の話から、紅花が昭一にしたことは「結婚して下さい！」ということだった。おかっぱ姿で、品のある「かわいい！」という記憶の残る娘であった。その後、紅花とは何もなかった。

日本人軍医は銃殺刑とする

少しずつ体力が回復してきた昭一は、そのうちに少しの空き時間を持て余すようになってきた。外で遊ぶこともできないし、女兵士と付き合うと死刑になると聞かされていた。白米は食べきれないほど出される。日本人医師たちは、白米をこねた麻雀パイをつくろうと言い出した。余ったご飯を練って棒状にして日陰干しをして、乾かないうちにナイフで裁断した。日本人は器用で、堅い麻雀パイをつくった。昭一は麻雀を知らなかったが絵心はあった。「増田さん、絵を描いてくれ！」と頼まれた。絵柄を教えてもらい描いてみた。自分でもうまく描けたと思えた。

ある日、白米パイで麻雀をしているところを政治局員が見た。血相を変えた政治局員は怒り出し、「あとで軍事裁判がある」と言って出ていった。数日して、上級政治局員が来た。共産党政治局員といっても、農民と変わらない服を着ていた。上級政治局員は厳しい顔で、日本人医師に日本語で通告した。

「兵隊が高粱飯で生死を懸けた激しい戦いをしているのに、君たちは、仕事をさぼって白米で麻雀パイをつくって遊んでいるとはなにごとだ！　先ほど軍事政治会談で、『日本人医師は銃殺刑に処す』と決定した」

日本人医師と言っても、昭一は麻雀パイに絵を描いただけであった。四人の日本人医師は、見せしめのために公開の銃殺刑になるというのだ。共産党軍の規律の厳しさは知っていたが、こんなことで銃殺刑になるとは思わなかった。

日本人医師たちは不満を爆発させた。年上の四〇代の医師が叫んだ。

「おい、都合のいいことばかり言いやがって、三日で返すという約束なんだぞ。給料も出さず、ひと月半も汽車に乗せた。しかも貨物列車だ。寝ないで負傷兵の手術をした。戦闘のときは毎日だ。どんなに苦しかったか。今すぐに帰してくれ！」

窓ごしにこれを聞いていた政治局員は戸を開け、日本人医師たちをじっと見つめて黙って帰っていった。政治局員の冷たい視線に背筋が凍りついた。今まで経験のないほどの冷酷な眼付きだった。

処刑の当日、清潔な服を着た兵士がやって来た。若い通訳兵士は流ちょうな日本語で言った。

「日本人医師四名、処刑の場所へお連れします」

八路軍兵士二名に抱えられ、群衆が見守るなか、行列をつくって一〇分ほど歩いた。大きな広場に連れて行かれ、一列に並ばされた。昭一の両隣の二人は中国人だった。中国の町の慰安所に二回も出入りをして銃殺刑になるという。

多くの群集のなかに立たされ、後ろ手に縛られて棒にくくられた。群集のなかに看護婦の紅花を見つけた。わずかに微笑んだまま軽く手を振っている。「さようなら！」という仕草のようにも見えた。昭一は「彼女はスパイだったか！」と恨んだ。

一列に並んだ銃口がこちらに向けられたとき、昭一に恐怖が走った。そして目隠しをさせられた。なんと表現してよいか分からない。

「ああ！　死ぬのか！」

そのうち、「イ、アル、サン」と声がかかり、「ばんー！」という音がした。何かが強く顔に当たったと思って気を失った。

……

目隠しを外されて記憶が戻った。顔に当たったのは隣の男の頭の半分であった。両側の者は死んでいた。昭一は、顔から全身血だらけであった。恐怖感から身体は固まり、かなしばりになった。過呼吸になり、心臓は「ばくばく」と早鐘のように打った。七〇年余りたった今でも、そのときの「ばくばく」の状態になることがある。今では、パニック障害と言われている症状だ。

四人の日本人医師たちは空砲であった。昭一たちを助けたのは、あの看護婦だったのかもしれない。手を振ったのは、「大丈夫！」という合図だったのか？　と後で思い始めた。医師を殺すことは、部隊としも大きな損失であり、軍隊に軍医がいなければ、兵士たちの戦闘意欲も欠けることになる。しかも、兵士たちに信頼されていた医師が処刑されるのは、とんでもないことであった。政治局員の判断ミスと言わざるを得ない。あるいは、兵士たちへの「みせしめ」だったのかもしれない。

昭一は、恐怖のあまり頭が真っ白になったままであった。それ以来、手が震えてメスが持てなくなり、縫う手術をすることができなくなった。看護婦の紅花やまわりの看護兵たちも一生懸命に薬をさがした。主として漢方薬で、戦場で湯を沸かし、そのなかに薬を入れて飲ませたが、昭一の症状は治らなかった。医療隊長室に呼ばれた。隊長は、日本語で「よく共産党軍に尽くしてくれた」と言い、八路軍の徽章のついた帽子を渡した。

「この帽子を被っていれば安全だろう。（そのときの八路軍の支配地域を地図上に示し）ほとんど満州はわが軍が支配しているが、まだ残党狩りをしている。主要沿線の都市は八路軍が占領しているが、国民党軍はどこに潜んでいるかもしれないので気を付けるように。これで兵役を免除するから、どこにでも行きなさい！」

「兵役免除」と言われても、「無理やり医者にさせられたのに！」と思った。

「ハルピンまでは八路軍の支配地域だ」と聞かされて野戦病院から出されたが、一人ではなかった。護衛の兵士二名が乗ったマーチョ（馬車）で、新京の街で降ろされた。医療隊長は、日本人医師たちにはいつも紳士的な態度で接してくれた。

第7章　日本へ引き揚げ

新京で「日満医療所」を開く

昭和二十一年八月下旬に昭一は新京に戻った。すでに引き揚げが始まっており、伝染病院の医師たちは帰国していて、そこには昭一の居場所はなかった。新京の街をぶらぶら歩いていると、偶然、見覚えのある男に出会った。向こうから来た男は中国語で、「お前は日本人か？御在所を知っているか？」と日本の地名を尋ねた。昭一が日本人であることを確認すると、二人で抱き合った。声をかけた男はチャムス医科大学のとき同じ寮生だった。昭一の余りにも変わりはてた姿に、「増田昭一君かどうか確信が持てなかった」と言う。八路軍の帽子を被り、目つきは鋭く、顔は陽に焼け、似てはいたが、念のために中国語で話しかけたと。

「新京に来たばかりで寝るところも無い」と言ったら、今までの昭一の事情も聞かないで、新京医科大学の寮に連れて行ってくれた。その男は、四年生の寮長に昭一を会わせて帰った。

男は「佐伯」と名乗ったが、それから一度も寮には来なかった（その後、佐伯は日本に引き揚げることができ、室蘭高等工業学校（現室蘭工業大学）を卒業していたことを、後日知った）。

昭一は新京医科大学の寮に住みつき、寮生たちと十二月の帰国まで、さまざまな商売をして生き延びた。まず、薬売りをしたが、その内に売るものが手に入らなくなってやめた。どんな仕事でもしなくては生きていけない。友達と相談して豆腐屋をやった。まず一斗缶を買ってきて運ぶための道具づくり。二人で担げるよう、バケツのように両方に穴をあけ、太い針金で両端をひっかけ、丈夫な縄で結んで天びんの中央にかけた。簡単なようだが道具がないのでつくるのに半日かかった。

新京は豆腐をつくるところが多かった。一丁、いくらで仕入れることができるか。一銭でも安い値段で購入し、利益を出さなければならない。十二丁ほど購入して、「とーふー」と二人で大きな声を出して満人の住宅地域へ売りに出た。すると、あっちこっちから声が聞こえてくる。日本人の声だ。ほかの難民たちも「とーふー」の商売をしているのだ。満人の住まいは二階で、スルスルとバケツが降りてきて、そのなかにお金が入っていて、「とーふー屋！」と呼ぶ。すると一か所に日本人の豆腐屋が数人集まって来る。なかなか売れなくて、残った豆腐ばかり食べて暮らしたこともあった。手に入る品物はなんでも仕入れて売った。生き延びて日本に帰らねばと思う日々であった。

九月になると新京の街は治安がよくなり、多くの店が開き始めた。

柳の下にドジョウがいた。新京医科大学の三年生の中村君を中心に診療所を開くことになった。医師免許は持っていないが診察の経験がある。昭一は外科医、上級生の二人は内科医、内科に自信がない者が整形医となり、二階建ての家を借りて「日満医療所」という看板を付けて診療を始めた。ところが、診察費、治療費、薬代などの相場を知らなかった。診察料は、以前の医大病院の半分くらいの値段にした。患者が来るか心配だったが、開業すると朝から四〇名くらいの患者が並んだ。しかし、こんなに最初から患者が来るとは思わなかったから、受け付けも看護婦もいなかったし、薬も少なかった。新京医科大学の中村君が医大と提携していた漢方薬の店と交渉して三割手数料をもらうことで契約した。すぐに診療所は軌道に乗り二階の部屋を全部借り切った。一番困ったのは看護婦がいないこと。八路軍にいた紅花という満人の看護婦のことを昭一は思い出した。さっそく四平街に走った。見つけた。紅花は飯店の仕事を手伝っていたが、お父さんに挨拶して、そのまま連れて来た。みんなは喜んだ。

翌日から紅花には働いてもらった。日本人と満人とのつながりができて、診察が前よりもスムーズに行くようになった。漢方薬の効き目も馬鹿にならないと思った。十二月下旬、帰国する一週間前まで開業し、大分お金には恵まれた。しかし、内地に持ち帰ることができる金額は決まっていた。余ったお金は、受付嬢の満人、看護婦二人に公平に分けた。紅花には、感謝の気持ちをこめて、プラスアルファのお金を渡した。最後に少し高級な飯店で飲み食いをして、みんなでお別れの会を催した。

葫蘆島より日本へ引き揚げ

満州から日本への引き揚げは、錦州から港の引き込み線路がある葫蘆島から行われた。葫蘆島は小さな港であった。この港は国民党軍が支配していた。米軍はここで国民党軍に兵器や物資を渡し、帰路が日本への引揚船となった。三〇〇〇名が乗船できるＬＳＴ輸送船が運行していて、一〇〇万人に近い引揚者が半年で満州から日本へ帰国した。

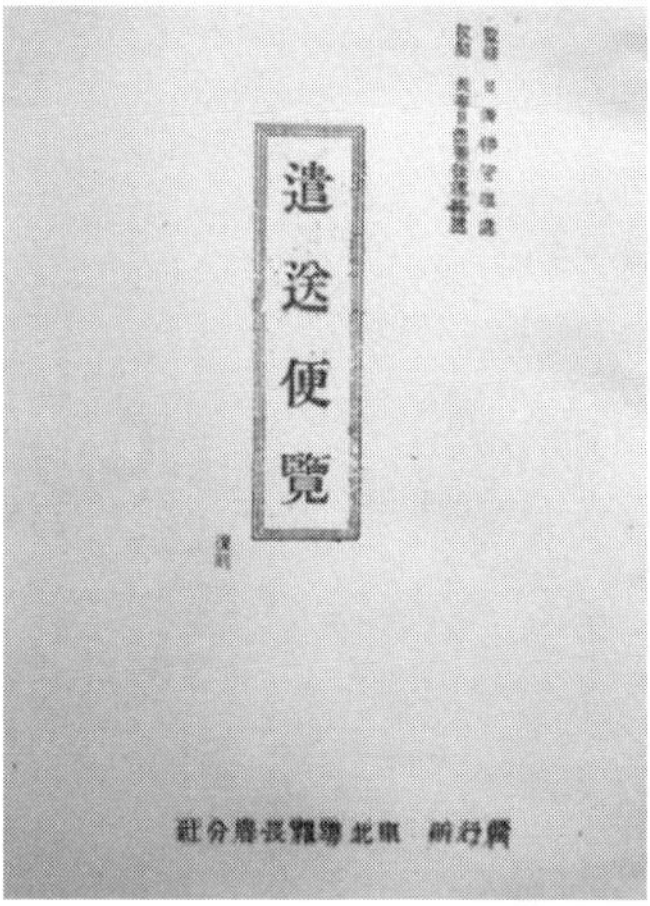

新京で引き揚げ者に渡された「遺送便覧」（崎山ひろみ提供）

昭和二十一年八月に新京にいる日本人たちに帰国通知がきて、「遺送便覧」が渡された。この手引書には、貴金属類の持ち出し禁止、一人で持って歩けるだけのものを用意する（理由は葫蘆島駅から波止場まで三キロメートルもあるからであった）、持参金は乗船前に没収、日本上陸時に日本円を渡す、など細かに書かれていた。

日本人の引き揚げは昭和二十一年四月から始まったが、引き揚げの港の近くから始まり、新京からの引き揚げは遅れた。今でも満州からの未帰還者は一万一千人（内、半数が死亡と推定される）にのぼる。日本で満州の行方不明者が問題にされないのは何故だろうかと思う。

昭一は今でも夢を見る。

満州の広い草原を沢山の大小の骸骨が細かい雪吹雪とともに転がったり、止まったりする。あの骸骨は戦車攻撃をした石頭幹部候補生の骸骨だ。あんなに沢山、先を急ぐように転がっていく。あの骸骨の集団は開拓団で集団自決した骸骨の集団…。こっちに来る骸骨は新京敷島地区難民収容所で亡くなった子どもたちだ。「なんまいだぶつ、なんまい…」と唱えながら飛び起きる……。

戦争はどんなことがあっても許されるものではない。七十数年過ぎた今では、一万余の行方不明者は満州の土に化しているであろう。どんなに日本に帰りたかったであろう。満州の大地から人びとの無念の声が聞こえてくるようだ。伝えたいことがあるに違いない。

「大地からの伝言」……。

新京地区第五大隊第三中隊第二班という長い名称をもらって昭一は葫蘆島に向かった。しかし、奉天に着いたとき、第一中隊の乗った貨車で六名ほどコレラが発生し、四、五日列車が停止され、コレラが発生した貨物車を切り離して出発した。紅花のいる町の新聞にその記事が載ったのだろうか。それを見た紅花は、「ショウちゃん、たべることできない」と、お父さんに言ったらしい。紅花は「ショウちゃんを助けに行く」と言ってきかない。やむなくお父さんも一緒に行くことになった。飯店は母にまかせて、早速、紅花と父は奉天に向かった。

奉天に着いて難民収容所の事務室に行ったが、情報が錯綜していて行方が分からない。四平街へ帰ろうと父が言うと、紅花は「ここまで来たのだから、葫蘆島まで行こう」ということになった。そのとき偶然に八路軍にいたときの仲間に出会ったという。李という兵隊だった。米軍で日本語の通訳をし、日本人の引き揚げの事務をしているという。早速、彼は書類を調べ、やっと昭一が乗ると思われる船を突き止めたという。

昭和二十一年十二月二十四日午後八時ころの出港、船は八幡丸と言うことが分かったらしい。そのころには大型のＬＳＴ輸送船の大輸送作戦はほぼ終わり、小型の民間の日本の船に変わっていた。八〇〇トンくらいの小型の船であった。

昭一たちは、二時間前に船の前に並べさせられた。東北からの突風が吹いて寒かった。仲間たちと足踏みをしながら寒さをしのいでいた。そのとき突風とともに、遠くから声が聞こえてきた。なんだろうか。聞き耳を立てた。「おい、ショウちゃんと言っているよ」と耳のいい田中さんが言った。昭一は夢中で「ここだ！」と手を挙げた。仲間も一緒に叫んでくれた。「誰だろう」と思いながら待っていると、紅花が現われ泣きながら抱きついてきた。

「もう会えないと思っていた」

と言って昭一は抱きしめた。紅花は一緒の船に乗る診療所の仲間四人に挨拶をした。「あれ、お父さんも来てくれた！」と昭一は声をあげた。お父さんは目に涙を浮かべて握手をし、大きな袋を昭一に渡した。

「寝ないでつくった。みんなで食べてください」

と涙を一ぱいためて言った。引揚者の列が乗船する船に向かって動き出した。昭一たちは、「謝、謝、謝」と紅花とお父さんに手を振って別れた。

船に乗ると、日本人船員から「長い間ご苦労様」と暖かい声をかけられ入室した。囲いのなかに畳が敷いてあった。触ってみた。涙が溢れ出た。

昭一は、「あっ」と声を上げて船上に駆け上がった。降りつづける雪のなか、親子二人の姿が岸壁に佇んでいた。大きな声で、「謝、謝！」と叫んだ。吹雪に声がかき消され、気づかないのか。もう一度「謝、謝、謝！」と大声をあげた。通じた。二人が手を上げ振っている姿が、吹雪のなかの薄暗い外灯の明かりでかすかに見えた。

実は、昭一は内地に帰る数日前に紅花に会いに行きたくなって、四平街行の列車に乗って彼女の飯店に行った。ちょうど昼ごろで、飯店は外の席まで満席であった。昭一は紅花と話す機会を待っていた。思い切って「紅花！」と大声で叫んだ。満人全員が私の方を向いた。紅花は最初ポカンとしていたが、昭一に気がつき駆け寄り、手を取り合った。柔和な父も、「ライツエン、ライツエン」と言って、上席を勧めてくれた。紅花は店中に聞こえる大きな声で昭一を紹介した。

「みなさん、名医ショウさんです。沢山の同志を救ってくれました」

割れんばかりの拍手が店中に鳴り響いた。昭一は何回もおじぎをした。

「実は帰国することになりました。お父さんのつくった美味しい水餃子をご馳走になりたいと思い来ました」

紅花は喜び、その後の八路軍の話しをした。紅花は突然真顔になり言った。

「八路軍は強い。日本はきっと原爆で人がたくさん死んだ。建物も。新聞にのっていた。日本に帰ってだめなときは、紅花のところに戻ってきなさい」

「謝、謝！」

昭一は頭をさげた。

飯店で紅花は昭一に話した。紅花は、昭一が去った後、錦州街の戦いで腕に貫通銃創を負い、自分の家に帰って治療しながら飯店の手伝いをしていたという。ほとんど回復をしたときに、昭一が飯店に来て、看護婦として協力してほしいという要請に応じ、「日満医療所」で働き始めたという。

紅花の話を終えた昭一は、筆者に微笑みながら話しかけた。

「人生にはいくつかの岐路がある。いつも迷うことが多い人生だったが、このときがその岐路の一つだった。ただ、日本に帰りたいという気持ちの方が強かったな！」

姉の死を知る

昭和二十一年十二月に葫蘆島を出発して舞鶴に上陸したとき、昭一の名札を見て中年のおばさんが、「神奈川県の小田原ですか？」と声をかけてきた。よほど一人で帰るのがさびしかったのであろう。

「私は秦野の神（じん）と言うものです。同じ神奈川県だからご一緒しましょう」

昭一も喜んで「一緒に帰りましょう」と答えた。

小田原駅に着いたら、「姉さん、おかえりなさい」と神さんの妹さんが迎えに来ていた。「元気だった？」と抱き合った。そして、妹さんは昭一の服の胸の「増田」という名札を見て言った。

「満州で部隊長をされていた小田原の増田さんですか？」

「そうです」

「増田部隊長の長女のお姉さん（満州で結婚していた姉）は、通化市の近くの延吉で亡くなられました。遺品を預かっていますから、そのうち伺います」

と妹さんに言われた。

そのときは、あまりショックを受けなかった。これまで余りにも多くの死を間近に体験し、人の死に対するこだわりが持てなかったのだ。

後日、妹さんは昭一の家を訪れ、しわくちゃな写真と手紙を渡してくれた。結婚式の写真であった。

手紙には肺結核であると書かれていた。享年二八歳であった。姉の肺結核は、三女房子の粟粒結核と同じだろう。満州における伝染病による病死は、発疹チフス、赤痢、粟粒結核で、不衛生と体力の消耗が原因の人災だと思う。戦後の満州における多数の病死の原因究明や死亡率など疫学的調査はできないのだろうか。母と二人の姉を亡くした昭一の願いである。

姉綾子は、部隊長である父の副官・村上弘之のもとに嫁いだ。村上は、スタイルの良い優

長姉綾子

綾子の夫、陸軍主計中尉・村上弘之

秀な主計中尉であった。陸軍士官学校出身ではなく、小樽高等商業学校を卒業して仙台予備士官学校を出た。第二師団で見習士官の教育受け、任地は満州二六二部隊に配属された。父の世話をする中尉に姉は一目惚れしたのかもしれない。昭一が会ったときは、相思相愛の仲の良い新婚夫婦であった。姉の手紙には、弘之はリンパ腺炎により、延吉で逝去、三二歳と書かれていた。短い人生であった。冥福を祈るばかりだ。

通化は日本軍のソ連進駐時の防衛線で、関東軍参謀や首脳部が留まっていた。関東軍とともに姉夫婦はここまでたどり着いたのだろうか。よく分からない。チャムスでの別れが姉と義兄の永遠の別れであった。

帰国してから

満州で九死に一生を得て帰国した昭一は、栄養失調であったが、すぐに働こうという意欲が湧いた。小田原駅前にある職業安定所に飛び込んだ。「どんな仕事でもよいから紹介してください」とお願いした。当時は、何としてもお金が欲しかった。満州のチャムス医科大学の一年生に在学していたため、学長からは東京医科専門学校、慈恵会医科大学などを紹介する手紙が届いていたが、学費がないので行くことができない。昭一はお金をためて医科大学に入ろうと決意した。

小田原に帰ったときには、父の家には次女・姉の美津子と父方の兄弟の二家族が東京の空襲を避けて移り住んでいた。東京から来た家族には子どもが数人いた。当時はみな貧乏だった。他の家にお世話になることはできなかった。

山崎というある会社の社長から「サイダーをつくるサッカリンが高騰して困っている。甘いサイダーを、サッカリンを少量使ってつくれないか」という話だった。薬科大出身の三人でまずサイダーをつくった。サイダーは、クエン酸とサッカリン（甘い）を混ぜただけのものだったが、すっぱくて売れなかった。二か月あまり働いて首になった。

満州から引き揚げて、首になったのは初めての経験であったが、昭一は何とも思わず平気だった。戦争が終わって新京で避難生活していたとき、フリーターのようにいろいろな仕事をしていた経験が昭一を強くしてくれた。半月ほどは仕事をせずに体を休めた。医科大の入学期日はすでに過ぎてしまった。満州から帰ってから休むことなく働き、精神も身体も弱っていた。幾家族も同居していたので、わずかな食事を一緒に食べさせもらい過ごしていた。

第8章　戦後の教師生活と父の戦争体験

新米教師、酒匂小学校へ

ところが半月ほどたった、昭和二十三年（一九四八）の三月、小田原中学校時代の同級生の上法君が突然、昭一を訪ねて来た。

「増田君、お前、先生にならないか？」

彼のお親父さんは酒匂小学校の校長であった。昭一には医者になる気持ちがあって、チャンスを探っていたころであったが、せっかくの申し出であり、とりあえず腰掛けのためにお願いした。上法君は、「親父に言っておく」と言って帰った。教員になれるかどうか、増田は心配していなかった。とりあえず働くことができ、生活できればそれでいいと思っていた。

一週間ほど過ぎて、上法君がニコニコ顔でやって来て、親父さんの話を伝えた。

「今度の月曜日、酒匂小学校に七時三〇分に来てください」

「そうか、時間までに行くとお前の親父さんに言っておけ」

と昭一はぶっきらぼうに言った。

昭一は、月曜日の朝、少し早めに起き、時間通りに酒匂小学校に行った。急なことで学校へ着ていく背広もない。友達からもらった海軍兵学校の制服を着て行った。その後も、この服装で授業を行ったが、周囲の者は何も言わず、結局二年間、その服で授業をした。

上法校長は、にこやかに昭一を迎えてくれた。

「私がこの小学校の校長です。簡単な打ち合わせをします。増田先生は、この後、職員朝礼で挨拶をして下さい。私が先に紹介します。担任は二年生をやっていただきます。主任は林先生です」

上法校長は林先生を呼んで紹介した。林先生は四〇歳前後の優しい男の先生だった。林先生に会った昭一は「これで一安心！」と思った。

校長、林先生と一緒に職員室に入った。校長が先生方に挨拶し、二十数名の先生方が立って昭一を迎えてくれた。そして昭一を先生方に紹介してくれた。

このときの二十数名の先生方の半分は、翌年には学校を去って行った。その理由の大半は給料がきわめて少なかったからである。「会社の給与は、教員の二倍以上」と言いながら去った先生も多数いた。昭一の酒匂小学校への赴任は、いわゆる「でもしか先生」であった。

赴任当時の酒匂小学校の校舎と運動場（左に銀杏の樹、右に楠の樹）。
赴任時の教室は写真の左裏側の西陽しか当たらない寒い教室であった

増田昭一は、中学を出ただけで、教科の知識があったわけでもなく、教え方も知らないままであった。しかし、毎日の学習内容は教科書を見れば教えられると思った。子どもたちにすまないと思い、一生懸命に教えようという意欲だけはあった。日が経つにつれて算数、国語、理科は、十分に授業ができる自信がついてきた。しかし、即席の素人教師で、ちゃんと教えることができたのか気になっていた。

増田は、赴任した当時の思い出をつぎのように筆者に語った。

「私の教室は一階の西側の日当たりの悪い教室だった。私は酒匂小学校の児童と父兄に感謝をしている。なぜなら、あの当時の父母は、まだ戦前のにおいが漂っていた。先生を尊敬する気持ちが今と違ってあった。あのときの子どもたちは、みんな私の話をよく聞いてくれて素直だった。父母とともに先生に協力的であった。正直なところ、未熟な先生を支えてくれたのは、君たちだった。感謝している。

案外、気が弱かった私は、生徒から反発され、父母からきつく言われたら、うつ病になって辞めてしまっていたに違いない。

教師としてある程度評価されたのは、酒匂小学校への赴任のおかげだと思う。教員の在り方も知らなかった私にとって、酒匂小学校は教師業の修行の場であった。そこで、小学校教員の任務と授業の進め方を学んだ」

赴任してまもなく、増田は上法校長と一緒に下校するときがあった。

「増田先生、先生というのは良い職業ですよ。やめないで頑張って下さい」

しばらくして上法校長から勧められて、一年あまり、午後の授業をほかの先生方に頼みながら、鎌倉師範学校に通った。旧制中学校を卒業していると、鎌倉師範学校で一年ほど講義を受けると正規の小学校の教員免許を取ることができた。上方校長が鎌倉師範学校に行くことを勧めてくれたことに感謝した。増田は教員免許を取り、クラス担任をするようになった。

増田の姿は、二年生、三年生、四年生のときの筆者と同級の子どもらとの集合写真に収められている。毎年、新学期が始まった季節で、増田が鎌倉師範学校に教員免許取得のために通っていた時代であった。

赴任した直後の２年生の児童とともに（海軍兵学校の制服を着て）

増田が在職した一九四八年から一九五一年の酒匂小学校は、一学年約一五〇名、三クラスで、四クラスになったときもある。この学区は酒匂川と国府津の間の東海道・国道一号線に沿って相模湾に面した農村と漁村の町であった。当時は、疎開家族、引揚者家族、大蔵省印刷局の印刷工場官舎、国鉄官舎などがあり、児童は都会っ子が半数、地元育ちが半数と混在していた。田舎の学校でありながら、子どもたちの間では田舎言葉に都会言葉が混ざり、明るい学校生活を送っていた。親たちは教育熱心であった。増田の授業は、教科書通りのお決まりの授業ではなく、子どもたちにも親たちにも好感を持って受け入れられていた。

学級担任であった増田が、筆者の家に家庭訪問をしたことがあった。母親はびっくりして、「どうしよう…」と言って担任である増田を迎えた記

3 年生の箱根･強羅遠足遠(最前列左端･背広姿の昭一)。
この日の朝、小田原駅で父と再会した

憶がある。増田は、新たな小学校教育の先導者の役割を担うことになった。

増田が教師となる前年、一九四七年三月三十一日に教育基本法と学校教育法が公布された。小学校六年、中学校三年の義務教育制度のスタートである。新制の教科書により、GHQの指導で戦後の教育を模索する時代の幕開けであった。

引き揚げ後の父の暮らし

増田の父が一九四九年の春にシベリアから帰って来たとき、小田原駅到着の日と時間を記した電報が届いていた。その日は、小田原駅で父を待っていたが、ちょうど酒匂小学校の箱根・強羅への遠足の日だった。

増田は大きな声で「お父さん、お帰りなさ

い」と言うと父は、満面の笑顔で大きく手を振ってくれた。生徒を連れて強羅に行く時間になっていたので、「家には姉さんがいるから」と大きな声で言って父と別れた。

父はシベリアに三年半抑留されて小田原に帰って来た。増田の家系は小田原藩の下級藩士であった。父の祖父は海軍の軍人で、軍人の息子は軍人という、明治時代からの一家の願いがあったのか、増田の父は陸軍士官学校に行った。母は商家の娘であった。昭和の時代は、軍人の妻は若い娘たちには人気があったのかもしれない。しかし父は、増田に軍人になることを勧めなかった。

父はシベリア抑留から帰って、多少の収入を得ようと庭で鶏を飼い、卵を売ろうとした。当時、卵は高価であった。しかし、体力がなかった。シベリアでは労役には出なかったが、兵士と同じものを食べた。栄養失調で体力の回復を待った。家では、戦争や満州・シベリアのことは封印して、あまり語ることがなかった。父のもとへは多くの知人が訪問して、そのたびに長い間話し込んでいた。しかし、増田にその話をすることはなかった。増田も聞きただすことはしなかった。

あるとき、まだ乗用車がめずらしいころ、いかつい男が運転する車に乗って、屈強な体格の片足のない男が玄関に立った。

「隊長殿！」

弘前第八師団のときの父の部下であった。父とは三年ほど一緒に勤務していた。戦後は静岡で沖中運搬作業の会社を経営していた。屈強な男は元陸軍大尉であり、ニューギニア戦線で生き残り、終戦後四年を経て父と再会した。男が父のもとを訪問したのはある悩みを抱えていたからであった。ニューギニア戦線で食べるものがなくなり、戦死した者の肉を食べて生き延びた。中隊長として組織的に行った「人肉食」である。果たしてこのことは許されるのか、深い悩みの淵に落ちていた。増田の父は、禅僧が諭すにように静かに言った。

「生き延びるには仕方がないが、人道的には許されることではない。しかし、戦争という極限の世界では仕方がないことかもしれない。死者に感謝し、供養の念を持つことだ」

男はその言葉で気が晴れたようであった。その後、男は幾度か父を訪問した。ニューギニア戦線の悲惨な状況を男は父に話した。隣の部屋で襖越しに男の話を聞いていた増田は、一部始終を記録にとどめた。

「かなりの枚数で、何回か読み直しているが、公開すべきかどうか決めかねている」

と増田は筆者に話した。

帰国後五年、増田の父の体力は少しずつ弱って行った。やせ方からみて、父は癌であると気づいていたが、病院にも行かず、「自分の体は自分が一番よく知っている」と言って、そのまま亡くなった。

父の一喝

増田が岩小学校で六年生の担任のとき、主任が遠足の計画を立て、大涌谷—神山—駒ヶ岳の縦断を実施した。しかし、駒ヶ岳で霧が出て、箱根神社へ降りることができなかった。児童六〇名を率いて困難を極めた。笹の道を通ると、その下は崖だった。それを何回もくりかえした。主任と話し合い、駒ヶ岳と神山のあいだを歩き、ようやく道を見つけ、宿泊地の箱根小学校に着くことができた。予定より三時間遅れた。そのことを増田は父に話した。

「その計画は根本から間違っている。わしは軍で行動するとき、兵隊が八〇パーセント余裕を残して行動するようにした。無理な計画は損害を出す。子どもに怪我をさせたらどうする！」

久しぶりに増田は父に大きな声で怒鳴られた。

父は死ぬ前に、ぽつんと言った。

「最後が平穏な人生だったらよい」

父の本音であった。

父は、増田が医科大学の勉学をつづけることができなかったことを気にしていた。

「満州で妻と子ども二人を死なせ、自分はシベリア送りで四年間の抑留生活。舞鶴で軍との手切れ金が四〇〇〇円、シベリアから持ち帰ったのは陸軍少将の将官章（バッジ）と金鵄勲章四級章で、何にもならないものだけが残った」

最晩年の増田の父の言葉だ。戦後の日本の復興を見ることもない、五八年の人生であった。

増田の父は、軍人の家系に育ったが、自分の強い意志で陸軍士官学校を志願したのではなかった。父の能力と行動力では、大学校へ進み、参謀の道もあったかもしれない。しかし数年の間に三校の中学校の軍事教練の教師をし、それを楽しみ、満足していたと言う。軍隊勤務は命令で移動するが、いつも難しい前線勤務についた。中国との戦争（支那事変）は、見えない敵との戦いで困難を極めたと言われている。軍隊では命令は絶対である。父は「如何にして兵を失わないかと、作戦を練った」と増田に語っていた。

サハリン、アッツ島、キスカ島などの北方諸島作戦では、兵隊の派遣任務に就いたことも戦史には書かれている。アッツ島は玉砕、キスカ島は奇跡の撤退で知られている。これらは一九四三年のことであるが、一九四一年に、これらの島に兵士を潜水艦で送ったのは増田部隊であった。辛い任務であっただろう。

その当時、満州はソ連と中立条約があり、安全と言われ、増田の父は家族とともにチャムスに赴任したが、三年後の愛河への転任は予想外ではなかっただろうか。愛河から三キロメートルのところにある掖河は、ソ連戦車隊の北方領土侵攻の入口に位置し、第五軍司令部がある。父が着任すると、関東軍からは戦車隊を南方へという移動命令が出たが、部隊は命令に反して戦車を温存し、ひそかにソ連国境へと移動させた。最前線を知り尽くした父には、関東軍の作戦は不本意であったのだろう。

ソ連軍の侵攻を目前にし、部隊の家族たちが倉庫に集められたとき、若い将校が、「全員爆死！」を進言した。そのとき父は一喝した。

「部隊長として、一人でも多く日本に帰す責任がある！」

増田の父の本心が出た。部隊長の強い信念で無事に部隊の家族全員がハルピンに避難することができた。

もう一つの逸話も増田の父らしい。中国工員の息子がジフテリアにかかったとき、軍事電話でチャムス医科大学に「ワクチンはあるか？」と問い、あることが分かると「すぐに行け！」と指示を出した。そして子どもの命を救うことができた。父は日本人、中国人、軍人、民間人を区別しなかった。そのときの中国人が戦場で昭一の命を救った。因果はめぐる。

シベリアから帰り、過去を封印した増田の父の小田原での生活は、誰にでもできることではなかった。増田は「自分には軍人になる体力がなかった」言ったが、父は、増田を軍人ではなく医師へと考え、願っていたと思われる。「どんな仕事でもよい。第一人者になれ」と言ったことは、父自身の信条であった。増田部隊長は、時代が異なっていれば、医師・教育者の道を選んだのかもしれない。

1954 年、岩小学校 4 年の担任（前列：左より 3 人目が増田昭一）

増田は、小学校の教師をしながら神奈川大学法学部を卒業した。医学部を出て医者になりたいという気持ちは長く増田の心の底にあった。それに大学での勉学を終えて、亡き父の医科大学への願いを叶えたかったのだ。しかし、父は十分にその後の増田の教師としての道のりに満足したと思う。

小学校教師として三八年

満州における生死をかけた二年あまりの生活から、引き揚げ後の増田昭一の一見、穏やかな教員人生も三八年。しかし、その歩みは満州の記憶を引きずっての人生行路であった。増田は、筆者につぎのような自身の足跡を語った。

増田は、三八年の間に酒匂小学校から岩、下中、桜井、橘、真鶴、千代の七校の小学校教員として子どもたちの指導に当たった。研究主任を長くやり、教務主任も数年務めた。研究主任は先生方の授業の仕方や授業内容を検討しなければならない。穏やかであったが、結構、忙しい毎日を送った。新しい小学校教育はどうすべきかと考え、毎日が新鮮な日々であった。幾度か小学校教員志望の大学生の教育実習生を数名引き受け、授業の指導をした。

「先生のおかげで先生になれました。教えてくれた先生のなかで一番、先生の授業がうまかったです。ありがとうございました」

と新人の先生から感謝の言葉をもらったときは、自分の授業の進め方が間違っていなかったと知って特別にうれしかった。

思い出に残るのは、ある小学校の研究主任をしたときのことである。校長から、神奈川県小規模小学校健康優良学校の一番になってほしいと言われ、引き受けた。校長の願いどおり、神奈川県最優秀健康優良校になった。

このコンテストは朝日新聞社の主催だったが、このような学校間の競争が教育向上に役立つとはとうてい思えなかった。優秀校になるためには多数の書類を提出する必要があった。朝日新聞社に提出した書類を積み重ねると数十センチにもなった。提出書類の主要な部分は、増田が学校から帰って、家で遅くまで書いた。ひと月ほどかかった。このときの作業は、増田にとって精神的にも体力的にも限界を感じさせた。学校間の競争など必要ないと思いながら取り組む作業はつらかった。

しかし、その後も、校長から与えられた仕事を断ったことは一度もなかった。その理由は、満州における避難生活のなかで新京高等女学校の寮の警備の仕事を私は生きるためにやり遂げた。そのとき、「言われたことはやり遂げねばならい」という強い信念を持つようになった。増田は語った。あのとき警備員にならなかったら、その後どうなっていただろう。たぶん私は亡くなっていただろう。私の人生は、ここから再出発したと思っている。ふらふらしながらも、私は言われたことをやり遂げ、「生き延びた」という達成感が湧き、体が軽くなった。避難所でふらふらとしていた身体が、しっかりと大地に足がつき、直立不動ができたときの喜びはなかった。私はこのときの快感を忘れなかった。どの仕事にも集中し、やり抜こうという信条を私は持ちつづけていた。

筆者は思う。増田が生涯にわたり一途に仕事を選ばず懸命に努力し一つのことを成し遂げたのは、生まれ育った環境、父親からの影響が大きかったのではないだろうか。終戦後の八路軍における昭一の行動。教師としての四〇年近い増田の実践。退職後に、新京の難民収容所で子どもたちとの共同生活の中で子どもたちと交わした約束を果たそうと決意した。生きて帰ることができなかった子どもたちの真実を伝えるために執筆し、六冊の本を世に問うたこと。増田の持続する強さは、親譲りという言葉がふさわしい。

学芸会・演劇の指導

増田は小学校の教師をしながら、神奈川大学法学部でさまざまな科目を受講した。日本の社会構造、国際的思考、特に日本の歴史に学ぶところが多く、大学生活を楽しく過ごした。毎日の授業の内容を検討するときに、大学での学びが大いに役立った。教科書に沿った国語、算数、理科、社会の授業は指導要領に従いながらしっかりと教えたが、それ以外にも絵本を創り、絵を描き、紙芝居で子どもたちに童話などを読み聞かせることが多かった。教科書にない道徳、歴史などが題材であった。

毎日の授業とは別に、酒匂小学校赴任以来、放課後、子どもたちと増田が励んだのは、学芸会や演劇の指導であった。脚本も全部自分で書いた。道徳教本に書かれていたものや、いろはかるたのなかから題名を決め、感動するような筋書きにしてリアルな表現を指導した。ある校長からは、「父兄から、かわいらしい笑顔のある場面にしてほしいと言われました。そのような演劇にしてほしいと」と言われたり、「笑える面白い場面を多くしてほしい」と注文をつけられたこともあった。さまざまな注文にも応じながら演劇指導には長い間情熱を燃やした。

増田は、教師をしていたときに見た映画やテレビドラマでは、子どもの死を映す場面がほとんどなかったとことが気になっていた。「二十四の瞳」でも「危険な遊び」でも、子どもの病気の場面を映すにとどまっていた。難民収容所でおびただしい子どもたちの死を見てきた増田は、そのことを書き残さなければ死ぬに死ねない。その思いは増田の頭から消えることはなかったが、教育の現場は多忙だ。一つのことに熱中するタイプの増田には時間がなかった。満州のことを書き残さなければというプレッシャーをいつも感じながら、増田は目の前にいる子どもたちの教育に専念し、定年まで教師生活を送った。

第9章　星になった子どもたちとの約束

孤児たちとの約束

昭和二十三年（一九四八）四月に教員になり、それから三八年、増田は昭和六十年に退職した。そのころ、マスコミでは満州の残留孤児の問題が大きなニュースになり、来日した孤児たちの満州における生活が新聞に掲載され、テレビで取り上げられた。しかし、日本に帰ることができずに亡くなっていった孤児たちのことは全く報道されなかった。これはおかしいと思い、増田は新京敷島地区難民収容所の子どもたちのことを書き残そう、孤児たちとの死の間際の約束を果たそうと、机に向かい執筆を始めた。

増田は原稿を書きながら、脳裏に焼き付いていた難民収容所の子どもたちのようすを絵に描いた。教師をしていたときにいくつも絵本をつくっていた。誰に習ったわけではない、自分流の描き方であった。

書き上がった原稿を毎日新聞社東京本社に送った。しばらくして新聞社から、「取材に伺いたい」と電話があった。「刊行してくれる!」と思ったが、取材という意味がよく分からず、「わたくしが新聞社に伺います」と言ったら、「いや、お宅に取材に伺います」と何度も言われた。

取材した記事が毎日新聞に大きく掲載された。すぐに三つの出版社から出版について話があった。一番熱心で二人でやっている小さな良心的な出版社で、増田の思いに耳を傾けてくれると思われた「夢工房」で刊行することになった。

増田の処女出版である『満州の星くずと散った子供たちの遺書─新京敷島地区難民収容所の孤児たち』の出版・編集作業が始まった。増田の原稿には、生きて日本に帰ってくることができなかった子どもたちの思いが溢れていた。増田と編集者は何回も原稿のやりとりをした。事実を重ね合わせ、文章を整え、推敲を重ねた。死の淵に臨んだ子どもたちの真実の叫び声と、そんななかでも優しさに満ちた幼い子どもたちの友情が静かに立ち現れてきた。

一九九八(平成十)年八月十五日、出版の日が来た。小田原で有名な伊勢治書店、平井書店、八小堂書店などを増田は回った。

「売れていますか?」と伊勢治書店でおそるおそる聞いた。

「残念ながら、あまり売れゆきはよくないですね」と無表情に店員が答えた。

増田の本がうず高く積まれてあった。家へ帰って、増田は奥さんに三万円を渡した。

「三つの書店を回って、これで私の本を買ってきてくれ」

奥さんはしぶしぶ書店を歩き回って二五冊も増田の本を買った。

「足りなかったから、私のお金も出したのよ！」

打ちのめされて頭を抱えた増田は、心の底から思った。

「本の出版はやめた！」

増田は筆者に語った。

夢工房の編集者は、増田昭一のプロフィールを書き込んだチラシを作成し、本と一緒に新聞・雑誌、テレビ・ラジオなどのマスコミ各社、地元のタウン誌などに精力的に情報を発信した。小さな出版社ではあったが、幾つもの新聞に取り上げられ、徐々に本の反響が広がった。版元の夢工房には、読者カードが数多く届けられた。満州からの引き揚げ体験者や、戦争を知らない若い世代、とりわけ我が子に思いを寄せる子育て世代の母親からの読後感が寄せられた。また、ネット通販の「アマゾン」などにもこの本の出版情報が載るようになった。

絵本・物語の刊行とラジオ番組

教師となった増田は、収容所の孤児たちの物語を授業のなかで子どもたちに語り聞かせてきた。絵を描き、自作の紙芝居をつくった。子どもたちの物語の執筆をしながら、挿し絵を描いた。独特の筆致で描いた絵は子どもたちの深い悲しみを伝えた。

増田昭一の『満州の星くずと散った子供たちの遺書』の読者の一人に千野誠治がいた。千野は、中国残留孤児の国籍取得を支援する会の事務局長であった。残留孤児たちの支援活動をしていた千野は、生きて帰ることができなかった孤児の存在を描いたこの本に感動し、そのなかの一節を絵本にできないかと、版元である夢工房に相談した。「ともちゃんのおへそ」という難民収容所でお母さんを失った三歳の男の子の悲しい物語である。

絵本『ともちゃんのおへそ』は、原作・増田昭一、文・杉山春、絵・みねだとしゆき、企画・制作：語りつごう、ともちゃんの会で、二〇〇〇年八月十五日に夢工房から発行された。

増田は三冊目の本の執筆にとりかかった。処女出版では書ききれなかった孤収容所における孤児たちの日常生活と、死と隣り合わせのなかで輝く子どもたちの思いのたけを書き留めたかった。三冊目の本『約束—満州の孤児たちの生命の輝き』は、一年後の二〇〇一年八月二十五日に夢工房から刊行された。

さらに、夢工房から発行した「戦争孤児の物語」二冊のなかから、それぞれ一編を原作にして、絵本『金のひしゃく　北斗七星になった孤児たち』（二〇〇四年三月二十日、財団法人中国残留孤児援護基金　発行）と、絵本『来なかったサンタクロース』（二〇〇六年十二月二十四日、夢工房発行）の二冊の絵本を刊行した。童話作家・絵本作家と増田が言われる端緒であった。

そして、二〇〇九年八月には、「戦争孤児の物語　三部作」の三冊目『戦場のサブちゃんとゴン―満州・磨刀石の戦いを生きた二つの命』（夢工房刊）が刊行された。

増田は、強い信念を持って自らの心に刻み、満州における戦争のありのままの姿を六冊の本や絵本として出版することができた。「やると決めたらやり通さなければならない」という強い責任感で増田は本を書きあげた。

絵本の反響は全国に及んだ。高知市の小学校の先生は、この絵本を読み感動して紙芝居をつくり、子どもたちに読み聞かせをした。

ラジオの文化放送・報道スペシャル（二〇〇九年三月三十一日）では、絵本『来なかったサンタクロース』を取り上げた。「のんちゃんの靴下―だれの記憶にも残らなかった子供達」として、絵本の内容を紹介し、戦争の悲惨を伝えた。日本のどこかで、この絵本を読み聞かせてもらっている子どもたちがいたり、授業の教材として使われていることだろう。多くの子どもたちに、これらの絵本が読み継がれていくことを願っている。

二〇一一年十二月十二日には、ＮＨＫラジオ深夜便「明日への言葉」伝えたい平和の大切さ「大陸に散った子供たち」を放送。増田昭一がインタビューを受けた。

「語りつごう、ともちゃんの会」と「ともちゃん地蔵」

難民収容所で亡くなった子どもたちを書いた増田昭一の本に感動して絵本を作成し、「語りつごう、ともちゃんの会」を立ち上げた千野誠治は、みんなで「ともちゃん地蔵」というお地蔵様を建立した。東京港区六本木の路傍に一体、箱根・塔之沢の阿弥陀寺境内に二体。また、増田の本を読んだ高齢の女性は、一人で「ともちゃん地蔵」を建立した。

満州の大地で静かに旅立ち、土に還った子どもたちの供養を、日本でおおぜいの人たちがしてくれたことに、増田は万感の思いで感謝した。増田は、筆者に語った。

靖国神社は亡くなった兵士たちを供養している神社だ。個人として参拝してほしい。天皇陛下の命令で、育ててくれた両親、妻や子どもたちと別れて、国のために戦地に赴き亡くなった兵士たちを、日本国民一人ひとりが供養しなければ…。兵士たちはどんな思いで死んで逝ったのか…。しかし、満州の戦地で「天皇陛下万歳」と言って突撃していった者はいなかった。「国会議員○○」と記名して靖国神社に参拝しても、亡くなった人たちは喜ぶだろうか。悲しむばかりだ…。

満州再訪

増田は満州からの引き揚げの後、二度満州の地を訪れている。増田は『約束』のあとがきにつぎのように書いている。

もっと書きたいことがあるけれど私には書けない。許して下さい。その代わり、君たちに会いに行きます。と思ったものの、ひとりで行くこともできず、それに七〇歳を超えた私は健康にも自信がありません。ちょうどそんなとき、「語りつごう、ともちゃんの会」の会長、千野誠治さんから、中国に行く企画の知らせがありました。私が過ごした新京敷島地区難民収容所と孤児たち、母や姉が眠る緑園墓地も含まれていました。私は小躍りして、慰霊の旅に参加しました。

二〇〇〇年九月二十四日に、待ちに待った難民収容所に到着しました。当時のままのはずはないと覚悟を決めていましたが、あまりの変わりように驚きました。コンクリートの四階建ての長春実験中学校に変わっていました。周囲にもその当時の面影はありません。ただ二つの大きな給水塔があったことが決めて手となり、ここに間違いないと確信しました。

校長先生の配慮で、一年生、二年生、三年生の日本語学級の生徒たちと懇談することができました。明るく、礼儀正しい、姿勢のよい生徒たちでした。

教壇で話をしたとき、ボロボロの服を着て膝を曲げながら骸骨のように歩いてゆく孤児の姿が教室の後ろのほうに現われました。見覚えのある顔がいろいろ集まってきました。口々に言うのです。

「増田さん、まだ、僕たちの約束を守ってくれませんね！　本当にどんな悲惨な死に方をしたか、そのまま書いてほしい。それが、私たちが生きていた証しになるのですから。確かに約束しましたね。生き残った者が書くって！」

「生きることは、みんなの心に生きることだ！　四十七士のように語り継がれたい。そうできないことは分かっているが、せめて死んでから一か月でもいいから、俺たちのことを思い出してくれればいいよ！」と寂しく語った吉田君。

生き残った人の心に残ることが、生きることにつながる。生きたい気持ちを自ら断たざるを得なかった孤児たちの最後の言葉でした。

教壇から降りて四階の窓から外を見ると、整地された運動場が広がっていました。その風景と重なって、私の目には五五年前の大小の盛り土が見えました。

あの当時の光景は私の脳裏にしっかりと刻みこまれています。ここは、神様、仏様のことについて孤児のみんなが真剣に話し合った場です。私は、そのことを長い間、避けてきました。しかし、悲惨な戦争を二度と繰り返さないためにも、誰かが事実を語らなければいけないと決心しました。この本に書かれたことがらは、死に向かう孤児たちの真実の言葉です。それは間違っているでしょうか。難民収容所で生活した孤児の仲間たちが今訴えているのです。

「戦争孤児の物語」の上演

増田の本を読んで感動した読者のなかから、直接間接、さまざまな形で増田を応援する人たち、孤児たちの思いを朗読や演劇で表現し、伝えようとする人たちが現われた。

二〇〇一年二月には、『満州の星くずと散った子供たちの遺書』の朗読会が京都市文化会館で開催され、著者の増田と出版社の片桐が参加した。

二〇〇二年十月には、岡山市「西川・アイプラザ」において、青英権作品コンサート「青の夕べin岡山」で、歌ものがたり「ともちゃんのおへそ」が上演された。翌二〇〇三年十月にも同じ演目が再演された。

二〇〇四年八月には、東京・劇団俳優座の稽古場で、高山真紀樹・朗読「朗読　戦争とは…」満州で散った孤児「金のひしゃく」が上演された。

海老名芸術プロジェクト（事務局：甘利和美）による、歌と朗読でつづる小さな命のものがたり「満州の星くずと散った子供たち」（南保大樹・朗読、甘利真美・ソプラノ独唱（作曲・構成））は、二〇〇八年六月に海老名市文化会館音楽ホールで上演、八月には横浜みなとみらい小ホールで再上演された。二〇〇九年五月には、横浜上演のＤＶＤの上映会が平塚市八幡山の洋館で開催された。

二〇〇九年八月には、群読サークル「あじさいの会」による「朗読でつづる平和への想い・

二〇〇九年：この日から」において、「子供たちの遺書・金のひしゃく」が上演された。

さらに、海老名芸術プロジェクトによる、歌と朗読でつづる小さな命のものがたり「約束」は、二〇一〇年四月、海老名市文化会館音楽ホールで上演、同年五月、横浜みなとみらい小ホールで再上演された。

二〇一〇年八月には、東京銀座・文祥堂イベントホールで、戦争を伝える朗読会主催で「語りつごう、あの日、あの頃」第十回が開かれ、小泉靖子の朗読『戦場のサブちゃんとゴン』より「ふるさと、突撃！」が上演された。

二〇一二年十月には、海老名芸術プロジェクトによる〈歌ものがたり〉オペラと朗読の融合劇「少年サブちゃんと名犬ゴン」が、横浜みなとみらい小ホール、海老名文化会館小ホールの二か所で上演された。

原画展の開催

二〇〇九年八月には、小田原伊勢治書店の「ギャラリー新九郎」で増田昭一「戦争孤児の物語」原画展が開催された。同月に刊行された『戦場のサブちゃんとゴン―満州・磨刀石の戦いを生きた二つの命―』と絵本『来なかったサンタクロース』の原画である。原画展とあわせて、増田昭一を囲むトークの会が催された。満州からの引き揚げ体験者や市民らが多数

講演後に質問に答える増田昭一と夢工房の片桐
（寄り合い処 こうづ）

参加し、平和と戦争について語り合った。
二〇一〇年三月には、山梨県笛吹市石和図書館で増田昭一講演会&原画展「戦争孤児の物語」を開催した。
二〇一二年八月には、小田原市国府津「寄り合い処こうづ」において、増田昭一講演会&原画展「戦場のサブちゃんとゴン」を開催した。

読者からの反響

増田の本を読んだ多数の読者からは、さまざまな反響が夢工房へ寄せられた。鎌倉市の山田ミノルさんからは、『満州の星くずと散った子供たちの遺書』を読んでアート作品を制作し、その絵ハガキが届いた。平塚市の井上駿さんは、感動を込めて「星くずと散った子供たちへ」と題した詩をつくった。

「忘れてはいけない　忘れはしない　君たちのことを
……

君たちのことを思いやることもできない大人たちの中で
食べるものもなく、死ぬことが目前のこととしてわかっていながら、
優しさと思いやりに満ちた君たち

……
そして、戦争という愚かなことをしてしまった日本という国が
二度と、そんな馬鹿なことをしないように
皆と力を合わせていきたい」

東京都あきる野市の並木茂さんからは読者カードが届いた。

「著者と同じ昭和三年生まれの身にとって、「満蒙開拓義勇軍」の名は忘れがたいものです。彼の地で命を失った人びと、なかでも戦争孤児たち。マアタイとコウリャンを命綱とし、極限状況のなかで消えて行った生きざまをかくまで活写したものを知りません。折に触れて後輩たちに伝える所存ですが、余命少なき身にとっても背筋正しく生きる励みとなるものです。

…緊急に編成された勇敢な部隊。それでいて戦史にも載らずに終わった兵士たち一分隊の生きざま、闘いぶり、散りぎわが浮き彫りにされていることに驚くのみです。しかも過度の力みがなく、全編が十二歳の少年と一歳の雌犬との極限の友情！を柱にみごとにまとめられていること、その筆力に感服です。三部作を世に送り出した著者。十八歳にして戦禍に遭遇

し、戦闘への参加。孤児たちとの交流を描くのにどれほど迷い苦しんだか、想像を絶するものがあります。心より敬意を表するものです」

水面に投げ入れた増田の「満州の戦争孤児たちの真実」という小石が、幾つもの水紋を描いて全国に広がって行った。書ききれないほどの読者の反響に増田は身震いした。

「みんなとの約束を少しは果たすことができたかな？」

増田は自らに問いつづけている。

第10章　テレビドラマ「遠い約束」

終戦記念ドラマ「遠い約束～星になったこどもたち～」

「増田昭一さんの満州の孤児たちを描いた本を原作に終戦ドラマをつくりたい」と、ＴＢＳのドラマ制作部門の鈴木早苗プロデューサーから夢工房に連絡が入ったのは二〇一三年秋のことである。ドラマと言えばＴＢＳと言われるほど、ＴＢＳのドラマ制作にかける熱意は定評があった。ドラマ化の意向を夢工房の片桐が伝えると増田は言った。

「そうか、ようやく…」

鈴木プロデューサーと脚本家、夢工房・片桐の三人で、小田原駅近くの増田の家を訪れた。

「これまでのドラマとは違った視点で、終戦ドラマをつくりたい」

プロデューサーの熱い思いに触れながらも、増田の口からは、若い脚本家を前に辛口の言葉が出た。

「戦争のこと、あまり知らないでしょう？　しっかり勉強して脚本を書いてください。『二十四の瞳』のように…」

数か月後、ドラマの脚本「遠い約束」第一稿ができた。増田の表情は渋かった。二稿、三稿、四稿と、サブのプロデューサーが増田宅を頻繁に訪れた。年が変わって、梅の花が咲き終わり里には木々の新芽がつぼみを膨らませ、桜の花咲く季節に、最終稿が出来上がった。鈴木・平田さおりプロデューサーと脚本家、サブ・プロデューサー、片桐の五人で増田宅を訪れた。

「増田さんが活字で物語ったことと、ドラマ化して映像で表現できることは違います。原作の上に、映像ならではの表現や効果を期待しましょう」

片桐の声掛けに、増田は弱々しく頷いた。

文字で綴られた物語を映像化するのにはさまざまなハードルがあった。活字の特性と映像の可能性、その間をどのように橋渡しして脚本に仕上げるのか。脚本家・永田優子の手腕に負った。ドラマの細部の内容については、それ故に、増田には不満な点もあった。軍人家庭のようすと平穏な開拓団の生活からドラマは始まり、戦場と新京難民収容所の悲惨な生活などが描かれ、終章では中国人女性にもらわれていった子どもと孫との再会で終わる。

ドラマ制作のロケハンが始まった。プロデューサーからは撮影計画がメールで送られてき

た。御殿場市民交流センターでの撮影は、俳優の宝田明と子どもたちのシーン。ＴＢＳの緑山スタジオの難民収容所の撮影には、増田と片桐が立ち会った。

二〇一四年八月二十五日（月）、ＴＢＳテレビ未来遺産、〝終戦69年〟「遠い約束〜星になったこどもたち〜」は二時間のドラマ特別企画として放映された。ドラマは、増田昭一の満州の孤児たちの物語の三部作『満州の星くずと散った子供たちの遺書』『約束』『戦場のサブちゃんとゴン』（いずれも夢工房刊）が原作。同年十一月二十四日に『遠い約束』は再放映され、十二月二十六日にはＤＶＤ化された。

ドラマは反響を呼び、二〇一四年度・第六十九回文化庁芸術祭参加作品となり、「東京ドラマアウォード二〇一五」の作品賞（単発部門）で優秀賞を受賞した。

出演者：松山ケンイチ、二階堂ふみ、加藤清志郎、深田恭子、

笹野高史、伊藤かずえ、柄本時生、前田吟、宝田明、椎名桔平ほか（二〇一四年度文化庁芸術祭参加作品）

あらすじ：昭和二十年（一九四五）七月、満州国で戦況が悪化するなか、日本軍はソ連軍の侵攻に備え、防衛線を南下させる作戦を立てる。ソ連軍に作戦を知られることを恐れ、開拓団には極秘で行うことを決める。そのころ、静岡村開拓団の生活は平穏で、国民学校の生徒たちは、若い水野有希子先生（二階堂ふみ）の授業をうけていた。八月九日、ソ連軍が国境を越え、満州国へ侵攻。戦車の砲撃と空爆が開拓団を襲い、生徒たちの家族の多くが犠牲になりながらも、水野先生は開拓団の家族とともに、六〇〇キロメートル離れた満州の首都新京への避難行を決行した。道のりは長く悲劇がさらに起きていった。

一方、八月十五日に終戦を迎えたが、満州の戦場では、なおも戦いがつづいていた。軍人の家庭で育ち、軍人精神を父から叩き込まれた関東軍中尉、戸田英一（松山ケンイチ）は、激しい戦闘のなか、砲撃で気を失った。大けがを負いながらも目が覚めて歩き、新京の関東軍司令部まで辿り着くが、すでに関東軍は去った後で、日本が戦争に負けたことを知る。茫然としながら、市街を歩いていると、軍服姿をみた中国人による袋叩きの暴行に遭い気を失った。目を覚ますと、そこは開拓団の人たちがいる避難所であった。英一を介抱してくれたのは、有希子先生であった。避難所には、多くの開拓団が押し寄せており、食べることも寝るところも十分でなかった。そのなかには、親を失った子どもたち、佐竹三郎（加藤清史郎）の姿もあった。この状況を知った英一は、自責の念にさいなまれて、夜、短刀で命を絶とうするが、有希子は「恥をさらしても、生きるべきだ」と諭す。

辛い生活のなかでも、親を失った子どもたちは、路上で物売りをし、小さいトモちゃんは母から教わった歌を歌い、自分たちだけで、必死にひたむきに生きようとしている。その姿に励まされて、英一は子どもたち、有希子と一緒に生活をするようになっていった。

そして、夜空のきれいな夜に、星をながめつつ、北斗七星を見つけて「何があっても、絶対に、日本に帰るのだ」と、みんなで誓った。

しかし、十一月に入って寒さが厳しくなり、食べ物も配給だけでは十分でなく、みんな飢えていた。ある夜、有希子は、子どもたちと英一を中国食堂に招待した。大いに笑い話し込んだ。「お腹がいっぱいだ…」と子どもたちが言うなか、有希子は、「私は中国人と結婚する。今日はお別れの会です」と告げた。食堂に子どもたちを招いたのは、結婚するためにもらったお金であった。英一は絵ごころがあった。お礼に彼女の顔をスケッチして贈った。有希子は裕福な家庭に嫁いだが、英一の描いた絵を時折眺めていた。トモちゃんは、同い歳くらいの子どもを亡くした中国女性が、「トモちゃんを育てたい」と英一に頼む。英一は彼女を信じ、「トモちゃんを立派に育ててくれるなら」と厳しく言い、トモちゃんも納得して、中国女性にもらわれていった。

冬になると、寒さと発疹チフスの蔓延で子どもたちは急激に弱りはて、つぎつぎと亡くなっていった。英一はお金を得るために外に働きに出た。幾日かが経ち、食料を買って、避難所に戻ると、子どもたちの姿はなかった。「みんな、亡くなった」と有希子の母は英一に告げて、一冊のノートを渡した。それは年長で子どもたちのリーダ格の三郎が託したノートであった。ノートの最後には、「僕は間もなく死にますが、どうか、英一兄さんは、必ず日本に帰って、私たちのことを書いて下さい」と書かれていた。

苦節の後、英一は帰国することができた。日本本土が見えてきたとき、甲板に座り、子どもたちの姿を描いた一枚の絵を空高く掲げて、「みんな、日本に帰ったぞ！」と叫んだ。

それから長い歳月、英一は小学校の先生になり、子どもたちに満州で死んでいった子どもたちのことを語る日々がつづいた。老いた英一のもとにある日、「ホテルへ来てほしい」と連絡があった。ロビーで座って待っていると、トモちゃんが後ろから走ってきた。「トモちゃん！」と叫ぶと、その後ろに年配のトモちゃんがいた。トモちゃんが、孫と一緒に来たのだ。トモちゃんは、胸に縫い付けた名札を中国の養母が大事に保管していた。英一とトモちゃんは再会を喜び、抱き合った。

ドラマ制作に寄せる増田の思い

一つのドラマのなかにさまざまな思いが溢れた。静穏な満州開拓団の生活、軍人家庭のようす、ソ連軍の侵攻による開拓団の悲惨な姿、避難民収容所の戦争孤児、残留日本女性、満州残留孤児、満州引揚者のキーワードをつないだ。戦後六十年余りの歳月がたって、残留孤児と引揚者との奇跡的な再会。戦争遺産として伝えてほしいドラマである。

放映後の反響は大きく、原作者・増田昭一への講演依頼が多数寄せられた。東京であっても、遠く地方であっても、増田は断らなかった。亡くなって逝った子どもたちの姿が浮かび、約束を守らなければという思いであった。会場の参加者に「聞いてつまらなかった！」と思われるのを増田は危惧した。教師をしていたころ、童話を児童たちに読み聞かせたことが多かった。その調子で話した。

ドラマ化では、プロデューサーや制作者と言葉を尽くした。

主人公が戦闘の場にいたことは事実であり、本にも書いたが、中尉ではない。中尉は中隊長であるので、部下を連れて移動する。ひとりで戦場を走り回ることはない。もっとも主人公が、戦場を逃げ回る兵士や医学生だと話が面白くないかもしれない…。開拓団には学校があり、若い女性教師も多くいて、収容所にも有希子先生のような人もいたと思う。満州の夜空は美しく、戦場でも子どもたちと眺めたが、女性の先生はいなかった。満州に残された日本女性が中国人とお金と交換で結婚することは多くあった。特に田舎には日本女性と結婚したいと願う現地の農民が多かった。

ドラマでは、収容所における子どもたちの生活が多く出てきた。実話ではあるが、子どもたちにはお金はなく、売る物を買うことはできなかった。収容所の生活はドラマの内容よりもっと悲惨であった。床は小便と大便で三〇センチの氷が板状になり、表面は便でごつごつしていた。死んだ者は棒状の固い氷になる。慰霊室に桁状に積み重ねられた。

増田はいま九〇の齢を重ね、筆者に語った。

「いつまでみんなの前で講演することができるか分からないが、これまで文章にまとめて本を発行し、ドラマになり、講演して、生きて帰ることができなかった孤児たちのことをみなさんに伝えることができた。亡くなった孤児たちとの約束が果たせて、ありがたい」

「遠い約束」のＤＶＤ制作と上映会

テレビドラマの放映後、ＴＢＳからＤＶＤ制作の相談が夢工房にあった。増田は、「テレビでドラマを見ることができなかった人たちも、これで見ることができる」と喜んだ。一も二もなく制作をお願いした。ドラマ「遠い約束～星になったこどもたち～」のＤＶＤは、二〇一四年十二月にＴＣエンターテイメント㈱より発売された。

DVD「遠い約束」のジャケット

これまでも増田の絵本の読み語りの会を行っていた、東京都新宿区の新宿住友ビルにある平和祈念展示資料館において、二〇一四年十一月には絵本読み語り「金のひしゃく」が開催され、同年十二月と翌二〇一五年一月にはドラマ「遠い約束」のＤＶＤ上映会が開かれた。全国に先駆けた上映会の開催となった。

二〇〇〇年十一月に開館した平和祈念展示資料館は、総務省の委託を受けて企画・運営されている施設。同資料館のリーフレットには「さきの大戦における兵士、戦後強制抑留者および海外からの引き揚げ者の労苦について、親から子、子から孫へ、そして次の世代へ語り継いでいくことを目的として、さまざまな実物資料、グラフィック、映像、ジオラマなどを戦争体験のない世代にもわかりやすく展示している」とある。これまで取り上げられることの少なかった、生きて帰ることができなかった戦争孤児たちの真実。その物語を紡いできた増田の作品を、ここでは、その後も講演会やお話し会などをとおして継続的に取り上げた。

ドラマ「遠い約束」のＤＶＤ上映会はその後、各地で開催された。

神奈川県西地域の地元紙「神静民報」は、創刊七十周年記念としてドラマ「遠い約束」の上映を企画した。小田原市・小田原市教育委員会の後援を得て、二〇一五年七月に小田原市生涯学習センターけやきにおいて、増田昭一の講演「平和について考える～満州の子どもたちの遺書」、ＴＢＳテレビ未来遺産「林修　特別講義」と、ドラマ「遠い約束」の上映を行った。会場を後にする参加者の目は心なしか潤んでいた。

山梨県笛吹市では、戦後七十周年・笛吹市核兵器廃絶平和都市宣言十周年記念企画として、「遠い約束」ＤＶＤの上映を取り上げた。二〇一五年八月に、増田昭一の講演会とＤＶＤの上映会が春日居あぐり情報ステーション　ハイビジョンホールで開催された。これまでに増田昭一の原画展などを企画・実施していた笛吹市石和図書館の雨宮真由美の力添えがあればこそであった。

神奈川県足柄上郡大井町では、「大井町人権を考える集い」として、「戦争と人権」をテーマに、増田昭一の講話とドラマ「遠い約束」のＤＶＤ上映会を二〇一五年十二月に、大井町生涯学習センターホールにおいて開催した。

二〇一八年八月には、筆者が在住している高知県で「遠い約束」のＤＶＤ上映会を開催した。高知市にある民間の平和資料館「草の家」で「遠い約束」上映実行委員会が企画した。このときは、原作者の増田と片桐も参加する予定であったが、交通トラブルで参加することができなかった。
二〇一九年七月十三日には、高知市立自由民権記念館で第一回「満州の歴史を語り継ぐ集い」が開催された。加藤聖文による講演「満州の記憶から記録へ─世代を超えて語り継ぐために」、体験談：崎山ひろみ「満州での暮らし・都市」、岡本利一郎「開拓団・満州からの引き揚げ」があった。さらに三氏による座談会の後、DVD「遠い約束」の上映が行われた。実行委員会の代表でもある筆者は、若い世代に戦争の歴史を伝えるきっかけにしたいと企画した。きしくも講演者の加藤聖文は、TBSドラマ「遠い約束」の監修者であった。深い縁に驚くばかりである。

これまで開催したDVD上映会は、すべて入場無料であった。戦争の悲惨、命の大切さを多くの人びとに知らせ、平和について考えるきっかけにしてほしいという、それぞれの上映会の主催者の企画に対するTBSの特別な配慮により上映が承認されたからである。

テレビドラマが縁で教え子たちと再会

増田先生が酒匂小学校に赴任したとき、筆者は二年生であった。一クラス五〇名で、三クラス一五〇名が一学年であった。

TBSテレビの終戦69年ドラマ特別企画「遠い約束」の放映の予告がテレビで流れると、

酒匂小学校の小田原在住の同級生から筆者に連絡があった。増田先生と教え子たちとの六〇年ぶりの再会であった。筆者は友人三人とともに小田原駅に近い城山の増田先生の自宅に伺った。増田先生は驚いた。なぜなら「酒匂小学校で教えた子どもたちからは、これまで一度も連絡がなかった。それは、私が新米先生だったから仕方がない。私についての思い出は、子どもたちの記憶から消え去っている」と思っていた。「六〇数年前の私のことを忘れないでいてくれた」と増田先生は飛び上がらんばかりに喜んだ。増田先生は、そのときの感想をつぎのように記念誌に書いた。

前列：（左から）岡野和代、増田昭一先生
後列：（左から）片桐努、大野正夫、山下洋一

「四人の生徒が私の家に来るという。よく考えてみると君たちを教えてから六〇数年がたった。君たちはいま、私と同じように年寄りになっているに違いない。何を用意したらよいのか迷った。うちの家内も心配していた。『何をお出ししたらよ

いか』と聞きにきた。私の妻は八六歳である。二人とも考えが及ばない。『お茶だけでいいのかしら…』と心配している。歳をとると正直、お茶を出すのも大変だ。腰が痛いし足元がふらつく。私もそうである。

約束の日が来た。来訪した四人は、当たり前のことであるが、みんな立派な老人になっていた。私の脳裏に六〇数年前のことがよみがえってきた。大野さんは、一人一人紹介してくれた。みんな立派な社会人になっていた。現在でも大学で活躍中の大野さん、プロ写真家の山下さん。七〇歳過ぎても美しさが衰えない岡野和代さん。目が不自由で残念だが片桐さんは、現役時代には大手企業で大変な活躍をしたそうだ。みんな立派になっていた。

私は、教師としての私について、みんなにはどのような印象が残っているのか心配だった。正直なところ満州から引き揚げて来て二年目のときだから、私は心がやや荒んでいた。父も帰って来ない。満州で姉二人と母を亡くした。心の傷は簡単には癒えなかった。四人の教え子と二時間程度話し合った。みんな紳士的であった。『私の教え子たちは、こんなに立派になった』と私は本当にうれしく感じた。しかし、四人から何を言われるか、私は落ち着かなかった。

遠い昔のこと、私は一生懸命やったつもりだが、正直なところ、何を教えたか分からなかった。私は、国語、算数、理科を中心に教えたという思い出はある。後は脱線した話ばかりであったように記憶している。満州の出来事は折に触れて話したつもりだ。みんなは一生懸命に聞いてくれていた。驚いたことに、四人はいろいろなことを思い出してくれた。大野さんは、満州からの引揚者の子であり戦災孤児のことを話した、山下さんや小田さんは学芸会の思い出を話してくれた。私がよく話したことや、教えられた先生について、一つひとつ鮮明に覚えていた。

四〇数名の教え子たちが、みんな立派に成長してくれて活躍し、戦後の日本の立て直しにそれぞれの立場で貢献できたこと。どこの国にも負けない経済発展をなしとげ、現在の日本があるのは君たちが役割を果たしたからだ。四人の教え子たちが去って行ったとき、私は涙した」

第２回「遊友展」にて　増田昭一先生と教え子たち

筆者の酒匂小学校の同期の仲間一〇名ほどで「遊友会」というサークルをつくっている。趣味で油絵、水彩画、水墨画、写真などをやっていて、二〇一六年から小田原駅前の画廊で企画展を始めた。その第二回「遊友会展」に増田先生を招いた。先生のことを覚えていない他のクラスの者もテレビドラマ「遠い約束」を視聴していて、六〇年ぶりの増田先生との再会で、多くのことを語りあった。高齢者になった者たちが、趣味とはいえ企画展を開催することに先生は驚き、うれしかったと語った。多くの者は、酒匂小学校のときの学芸会の演劇指導の熱のこもった増田先生の指導を記憶していた。

同窓会記念誌『戦後の混乱期入学の生徒と先生の足跡』刊行

新制一期生、一九四七年に入学した生徒たちでつくっている同窓会が、増田先生との再会から、記念誌の刊行を企画した。増田先生は、二年〜三年、四年の一学期まで一組の担任であったが、四年、五年の二組の担任は、鈴木昇太郎先生であった。両先生に執筆をお願いし、同級生からの原稿、当時の世相や学校での運動会、遠足などの記事も掲載した。新制の小学校の教育は、ＧＨＱの指導で、ホームルームやフォークダンスなど、アメリカ式の教育が取り入れられた。

記念誌(B5 判 140 頁)

給食や田植え、芋掘りも授業中にあった。めんこやお手玉などの遊びがあったことも掲載されている。

この記念誌に、増田先生は二〇ページほど満州の出来事や酒匂小学校時代のことを書かれた。山下洋一君は、演劇の主役で、増田先生の指導をよく憶えていた。日曜日には友達を誘って、先生のお宅に何回か伺い、いろいろと授業とは違ったことを話してくださったと書いている。増田先生にはあまり記憶がないようで、「何を子どもたちに出したかな。柿やミカンがあったので、そんなものを出したかな…」と話された。

酒匂小学校で増田先生の同僚であった鈴木昇太郎先生は、記念誌のなかで、つぎのように記述された。

「最初の出会いは、今でも鮮明に覚えている。確か赴任して一か月ぐらいのころだと思うが、増田先生も私も小田原駅の近くが住まいで、自転車で通っていた。酒匂橋を渡って細い下りの坂道があり、降りると少し広い広場がある。そこに自転車を置いて、増田先生から「少し休んでいこうよ」と言われて、三〇分くらいかな、話し込んだ。増田先生は満州で苦労されたが、歳も近く、確か増田先生は二歳くらい上かもしれない。中学を出て専門学校という経歴も赴任の経過も似たところがあり、意気投合した。

増田先生には、気合いがあり、『これから、やろうじゃないか』などと啓発されたように思う。

増田先生、鈴木先生を囲んだ同窓生と夢工房・片桐務

長い教員生活のなかでも、強く影響を受け、思い出に残る先生の一人が増田先生である。先生は、満州のことなどを執筆して本を出版されたり、その本がテレビドラマになったと聞き、陰ながら『すごいなー』と思っている」

刊行記念の同窓会

二〇一八年四月二十四日、「記念誌」刊行記念の同窓会が、小田原の老舗料理店「だるま」で開催された。増田先生は九〇歳、鈴木先生は八八歳、私たち教え子は七八歳であった。

この会には三〇名ほどの教え子が参加した。一五〇名の同期生のなかで三〇名ほどがすでに亡くなっていた。また、持病をかかえて来られない者も多かった。教え子に囲まれながら、参加者の一人ひとりが近況を語る言葉に、両先生は微笑みを浮かべながら耳を傾けていた。

内助の功

増田先生の奥様、旧姓田代美智子先生は、筆者が酒匂小学校三年のとき、二組の担任の先生であった。クラスが違うと担任以外の先生に教わることも話すこともなかった。それから六〇数年後、同級生たちと増田先生のお宅を訪問した際に美智子先生は物静かにお茶を入れて下さった。増田先生とはどのようなお付き合いがあったのか。その当時、酒匂小学校には若い男女の先生方が多く、学内で結婚される先生方も多かった。本書をまとめるに際し、奥様との出会いを語ってもらった。

増田先生は、酒匂小学校に赴任したとき、自身は音楽の指導ができないことから、三組の梶塚カツ先生に授業をお願いした。鎌倉師範学校を卒業した梶塚先生から、授業について指導を受ける機会があり、ていねいな指導に親しみを感じ、いっとき恋心を抱いたこともあった。しかし、梶塚先生とは廊下で授業について真剣に議論する間柄で終わった。子どもたちの記憶にあるかもしれない。

その後、増田先生は岩小学校に転任した。しばらくして別のクラスの担任で、物静かな田代美智子先生に好意を抱いた。電話で「少しお付き合いをして下さいませんか」とデートに誘った。当時は男女交際が自由になり、「自由恋愛」という流行語があったほどの時代。街では若い男女二人が腕を組み、かっ歩していた。

増田先生が交際を申し込むと、まじめな田代先生は、「お父さんに会って下さい」と言われた。「結婚を申し込んだ訳ではないが…」とは思ったが、「デイトのつもりがお父さんの同伴か。妙なことになった」と思いつつ、国府津で三人で会った。田代先生の父親から尋ねられた。

「増田先生のお父さんは、どのようなお仕事をされていますか?」

「元陸軍少将でシベリアに抑留されて帰って来たのですが、癌で床に伏しています」

陸軍少将と聞いて、田代先生の父親は目を丸くし、「一人で看病している」という増田先生の話に、「明日から介護に行きなさい」と娘に話した。

「まだ田代先生と二人でじっくり話をしたこともないのに…」ことの成り行きに増田先生は戸惑った。しかし、家は男手一つ。家事や父の介護のために田代先生がときどき来て世話をしてくれた。田代先生への感謝の念を抱きながら、二人の交際が始まった。

増田先生の父は、「まだ早すぎる…」と口にした。給与が少ないことが心配であった。当時の慣習で、給与は全部父親に渡していた。父と息子、二人の生活は清貧そのもの。一度、増田先生が父親に月給を渡すのを忘れたとき、寂しそうに「昭一、給与はまだか？」と言われたことがあった。「すまない…」と涙が出た。それほど困窮している状態では、結婚は無理だと父は言いたかったのだろう。しかし、田代先生の親切な介護の世話を受け、「良い嫁…」と言い、父親は安堵して亡くなった。

増田先生は結婚を決めるとき、「満州で亡くなっていった子どもたちへの思いから、子どもはつくらない」と田代先生に言った。彼女は黙ってその言葉を受け入れた。

「いま思うと馬鹿な宣言をしたものだ。男女二人、ひとつ屋根の下にいれば、子どもはできるのが当たり前だね」と増田先生は笑った。一人息子は、立派に育ち東京工業大学を出て、お嫁さんをもらい、またお嫁さんがよく増田先生の面倒を看てくれると感謝していた。

増田先生が最初の満州の孤児たちの本を出版したとき、奥様は自分の財布からお金を足し、いくつかの書店を回って二五冊もの本を買って来た。また、「満州の戦争孤児」の本がテレビドラマ化した際に、ＴＢＳからの原作使用料は意外に少なく、そのことを増田先生は奥様にこぼしたことがあった。増田先生はぴしゃりと奥様にたしなめられた。

「子どもたちのために書いたのでしょう」

奥様が内助の役を立派に果たされて来たことがうかがわれた。本書をまとめている最中に体調を崩されて入院され、療養の甲斐なく二〇一九年一月に亡くなられた。享年八八歳であった。

「よく、私に尽くしてくれた。感謝している」と増田先生は言葉少なに語られた。姉の美津子さんとも仲良く付き合っていた。姉は女学校でも優秀な成績であったようである。母には、朝礼のときに全校生徒の前で号令をかけるのが嫌だと言っていたというが、気丈な女性であった。残念ながら病気で七八歳で他界したと語られた。

第11章　増田昭一の六冊の本

筆者のたび重なる取材に、重い口を開き自身のこれまでの歩みを答えつづけた増田先生に、「先生の本はどれくらい売れたのですか?」と聞いてみた。増田先生は筆者に語った。

一番売れたのは、最初の出版の『満州の星くずと散った子供たちの遺書』である。四刷りまで行った。それで講演も依頼されるようになった。でも、これまで私は、講演料は受け取らない方針で、そのため講演に行くたびにお金が出ていった。どんなに遠くとも、旅費以外は受け取らないことにしていた。その旅費を受け取らないときもある。それは、お年寄りが多い町や村で「私の村は貧しい村で、先生には申し訳ないが三万円が精いっぱいです」と言われたことがある。お年寄りだけの講演会では、どんなに遠くともお金を受け取ることができなかった。

私の願いは、満州の星くずと散った子どもたちを語りたいから。一人でも多くの人たちに知ってもらいたいから。祈りを込めて話したいから。それだけである。

講演後には、郷土料理をごちそうされたり、市町村のお偉方から接待を受けたり、おみやげをもらって帰ることはあった。私にはそれで十分であった。出版社の夢工房からは五冊の本を出したが、本が印税代わりである。

私にとって書くということは、大変な苦痛であった。当時の子どもたちのことを考えると、涙なくしては書くことができない。それは仕方がない…。十数年、午前二時ころに起きてパソコンで文章を打ち、絵を描いた。しかし、八〇歳ころから文章をまとめる力がだんだん弱くなってきたことを思い知らされた。今は、さらにそれを感じるようになった。

私はもう九〇歳になった。振り返ってみれば、ずいぶん長い歳月だと思うし、また一方では、あっという間の出来事だったとも言える。特に最近の思いは、「光陰矢の如し」である。まだ書かねばならないと思うが、もうパソコンを打つのもままならない。小学校の教え子である大野正夫さんが私の話を聞いて、「増田昭一の生涯」としてまとめてくれる。ありがたい。

多くの失敗を重ねてきた増田昭一の人生の足跡から、幻の満州、戦後の動乱期、日本の戦後教育から、現在の日本の実像を読み取ってもらえれば幸せである。


以下に増田昭一の書いた六冊の本・絵本の概要を紹介する。

満州の星くずと散った子供たちの遺書―新京敷島地区難民収容所の孤児たち―

（文と絵・増田昭一　一九八八年八月　Ｂ六判　一九三頁　夢工房）

「はじめに」に著者・増田昭一は、つぎのように書いている。

「たっちゃん、ともちゃん、さっちゃん、それから豊君、新京敷島地区難民収容所で仲良く助け合って、ともに生活したみんな！

あれからもう五〇年以上も過ぎてしまった。君たちと生活したあの時のことが、昨日のことのように、私の瞼に浮かぶ。

くりっとした大きな可愛い目をしたともちゃん、なかなかきかん坊で、こころのやさしいさんちゃん、みんな精いっぱい生きようとした。しかし、寒さと飢えと病気には勝てなかった。つぎからつぎへと春を待たずに死んでいった。気がついてみると、私だけが生き残っていた。なまじっか生き残ったために、なにか後ろめたい感じをこの五〇年余、いつも持っていた。また、君たちにおおきな責任を負わされてきたような気もする。

私に与えられた責任を果たすために、君たちの最後の悲しい思いを文に綴り、一人でも多くの人に読んでもらうことを考えました。ところが、私は文章を書くことが極めて苦手なのです。また、私が原稿用紙に向かうと、君たちのあの日の姿がいきいきと目の前によみがえってきます。死を見つめる床のなかで、「ねえ増田さん、生きているから死があるんだね。死というものは、誰にも必ずくるもんだからねえ」と言い、死というものを自分なりに無理に納得しようとした正君。「この野良犬、ヨウ子と一緒だね」と言いながら、ヒョロヒョロとやせ細った犬にほうずりしたヨウ子ちゃんの姿。

思い出すだけで、ほんとうに生きているように君たちが私に働きかける。原稿用紙が涙でかすんでくる。文が下手でも、絵がまずくても、私は君たちのことを一人でも多くの人に知ってもらいたいと思い一生懸命書きました。それだけは信じてほしい。そして、五〇年あまり、仕事にかこつけて、君たちのために何もできなかった私をどうか許して下さい」

難民収容所で亡くなって逝った六人の孤児たちの思い出が書かれている。開拓団へのソ連軍の無差別な襲撃で母は死に孤児となったケンちゃん。たっちゃんは落語がうまく、元気なときには演壇に上がって、みんなを笑わした。死の間際に、たっちゃんがラーメンを食べたいということを聞いた孤児たちは、ラーメンを買いに町に走り、買って帰ったが間にあわなかった。三歳のトモちゃんは、だぶだぶのズボンをはいて、みんなの後をついていたが、毎日、お母さんのお墓の前で、おへそを出して、ぶつぶつ言っていた。お母さんはトモちゃんに、「お母さんとトモちゃんは、おなかのなかで、おへそでつながっていた。だから、お墓の前でおへそを見ると、おかあさんが見えるよ」と言って死んでいった。トモちゃんの話を聞いた孤児たちは、みんな揃ってトモちゃんとお墓の前で、おへそを出してじっと見つめた。

豊君は人一倍元気であったが、チフスにかかり高熱であっけなく亡くなった。豊君は死の間際に遺書を書いていた。「僕は死ぬのは恐ろしくありません。それは、天国できっと母ちゃんと妹と赤ちゃんが待っています。でも、ばあちゃん、ばあちゃんは、僕の分まで長生きをして下さい」

ひとりのおじさんが豚汁を持って孤児たちの部屋にやって来た。子どもたちに、ひしゃくでよそって豚汁を配った。四人のどもたちはおいしいと喜んだ。二週間後にまた来るからとおじさんは言った。二週間後、同じ部屋はがらんとしていた。炊事場のおじさんが、最後に亡くなった孤児から手紙を預かっていた。長い文章であった。

「さいごに、おじさんにぼくからのおねがいです。おじさん、よる、おそらをみてください。ほくとしちせい（北斗七星）がみえたら、ぼくたちが、おじさんにおくったきんのひしゃくだとおもってください」

きよしくんとサブちゃんは、年長で子どもたちのリーダー格であったが、亡くなるときに立ち会うことができなかった。
孤児たちが話し合った言葉を綴り、悲惨な難民収所容生活のなかで、日本に帰ることを夢見て必死に生きようとした孤児たちの姿、真実の声を紡いだ。

約束──満州の孤児たちの生命の輝き──

（文と絵・増田昭一　二〇〇一年八月　B六判二五二頁　夢工房）

最初の著書は、孤児たちの行動を中心に書き綴っているが、本書は、増田昭一自身のことも書きこみ、折りに触れて収容所のようすも細かく描写している。古い小学校の校舎が難民収容所になった。昭一が九月下旬に収容所に入った晩秋のころから書き起こした。寒波が押し寄せ厳寒の季節を迎えた。昭一は一つの教室を任され、班長格として孤児たちの世話をしていた。避難民の多くは、夏服のまま、この難民収容所に入った。寒くなるとマータイという穀物を入れる麻袋に首と腕の所に穴をあけて上着にした。さらに寒くなると、新聞紙を身体に巻き付け寒さをしのごうとした。しかし、身体を温めるには十分ではなかった。収容所の子どもたちや年長者など三〇名あまりが、どのような思いで友情をはぐくみ、生き尽くしたかを描いた。

難民収容所の日本人会は食糧の配給をしてくれたが、高粱（コウリャン）飯一杯とみそ汁一杯で、一日二回の食事であった。寒さと飢えが避難民たちを襲い、とりわけ幼い子どもたちはみんな胃腸を痛めて下痢がつづき栄養失調になり、さらに赤痢で死んでいった。その上、発疹チフスが蔓延した。チフスに罹ると子どもたちは、数日間、高熱にうなされ、脳の働きが阻害され、奇怪な行動を起こすこともあった。難民収容所には薬もなく、体力のあるものがわずかに生き残った。

このような悲惨な環境のなかで、昭一の周りには多くの子どもたちが集まり、幼い子から大人まで、真剣に人生について語り合っていた。天国と地獄の話、死ぬということはどういうことかなど。

昭一に恋する一人の娘の悲しい出来事が「ロウソクの炎」に書かれている。昭ちゃん、緑ちゃんと呼び合っていた。緑ちゃんは衰弱していたが、ある日、「渡したいものがある」とコンクリートの床下に昭一を誘った。使いかけの一本のロウソクを昭ちゃんに渡して言った。

「ほんとはね、昭ちゃんが心から好きだと言いたかったの、死ぬ前に…」

昭一は顔を真っ赤にして精一杯の言葉を返した。

「僕、緑ちゃんが嫌いだったら、ここにきませんよ」

「昭ちゃんの写真がほしい」

昭一は胸のポケットにあった幾枚かのしわくちゃな写真のなかから、家族で撮った中学一年ころの写真を渡した。緑ちゃんはニッコリと笑って胸に抱くようなしぐさをした。

「うれしい！　ありがとう。わたしが死んだら、このロウソクをつけて、なくなるまで灯して…」

二日後、緑ちゃんはロウソクの灯が消えるように静かに亡くなった。仲間たちは、風があまり入らない理科室に遺体を運び、みんなで輪になって風を防いで火を灯した。四〇分くらいたっただろうか、炎が消えると、みんなで「天国に逝った！」と言った。勝江ちゃんが、後で何げなくつぶやいた。

「緑ちゃんは、手に袋をしっかりと握っていた。そのなかに写真があったの。手を組ませるときに袋を胸にあたるようにしたの…」

本書には、その他につぎのような物語がある。

「地中にあった地獄――本当に地獄がありました！」

「神様、仏様、助けて下さい―父ちゃん・母ちゃんを！」

「死んだらどうなるの―みんなで考えたこと」

「末後の水―井上さんの死」

「最後まで外の便所で！」

地獄とも言える環境のなかで、子どもたちはお互いをいたわりながら、生きて日本に帰ろうと命を燃やした。しかし、その願いを果たすことができずに死んでいった。難民収容所の悲惨な状況が繊細に冷静に描かれている。

戦場のサブちゃんとゴン―満州・磨刀石の戦いを生きた二つの命―

（文と絵・増田昭一　二〇〇九年八月　B六判三四九頁　夢工房）

「磨刀石の戦い」は、満州の最後の特攻作戦と言われている。満州に侵攻したソ連軍は、航空機が偵察誘導し、独ソ戦に活躍した大型戦車T34隊が砲撃した。その後に、生き残った者を攻撃する歩兵隊で編成されていて、軍人・民間人を問わず殲滅する作戦をとった。

若い男たちが根こそぎ兵隊にとられ、老人たちや女性・子どもたちの開拓団の脱出・逃避行が始まった。暴民に命を奪われた母との悲しい別れのなか、サブちゃんと愛犬ゴンは、関

東軍とソ連の最後の激戦地、磨刀石（まとうせき）の戦場へ特攻作戦に向かう学徒兵が指揮する部隊に遭遇した。指揮官から、日本軍への同行を許されたサブちゃん。しかし、犬のゴンの同行は許されなかった。

この部隊の兵器は九九式破甲爆雷で、この爆雷を身体に着けて戦車に飛びこむ陸上特攻隊であった。彼らは、人がひとり入ることができる穴（タコツボ）を掘り、中に籠もっていた。地獄の激戦を明日に控えた兵士たちが、タコツボで何を思い、それぞれの死に立ち向かおうとしていたのか。一人ひとりの兵士たちの独白が描かれている。

サブちゃんは兵士ではなかった。分隊長に託されたのは、「生きて日本に帰って一銭五厘の兵隊たちのことを伝えてくれ」であった。

磨刀石の戦いで九死に一生を得たサブちゃんは牡丹江から無蓋貨車でハルピンに逃れ、避難所になっていたハルピン西本願寺に入った。避難所におけるソ連軍の非道な行為にサブちゃんは涙した。悲しい別れを経験したサブちゃんは、ひとりで避難貨物列車で新京にたどり着き、敷島難民収容所に入った。

増田の兄ちゃんがいた部屋にサブちゃんが入ってきた。サブちゃんは磨刀石の戦いで死んだ兵士の認識票を持っていた。増田の兄ちゃんは医学生でありながら、この磨刀石の戦いに加わっていた。二人がともに磨刀石の戦場にいたことを知り、二人が語り合った話が本書の主要なテーマとなっている。難民収容所に愛犬ゴンがやってきた。八〇〇キロメートルも離れたところから、どのようにしてサブちゃんを見つけたのか、奇跡の再会であった。

しかし、ゴンを収容所に留めることはできず、市内の人に飼われることになった。サブちゃんは、まもなく発疹チフスにかかり亡くなり、亡きがらは緑園墓地に埋葬された。ある日、その墓地に死体を運びに来た者が一匹の犬を見つけた。子どもの遺体を引きずり出し、そのそばに寄り添うように死んでいた。サブちゃんとゴンであった。

ともちゃんのおへそ（絵本）

（増田 昭一（原作）・杉山 春（著）・みねだ としゆき（イラスト）

二〇〇〇年八月　B五変型判　夢工房）

ともちゃんは、目がくるりとしてかわいい三歳の子どもでした。お母さんは収容所で栄養失調と病気で亡くなりました。ともちゃんは、ひとりぼっちになりましたが、お姉さんやお兄さんがよく面倒をみてくれ、元気で、よく大きな声で歌を歌い、歌い終わると、「ともちゃん、歌うまいでしょう」と自分から言うのです。亡くなったお母さんはいつも、ともちゃんが歌うと、「ともちゃん、歌うまいね」とほめてくれたそうです。

ともちゃんはダブダブのズボンをはいて、子どもたちの手伝いをしていました。ともちゃんは、毎日のように、お母さんのお墓の前に立ち、おへそを出して、下を向いてブツブツ何かを言うのです。子どもたちが不思議に思い、ともちゃんに聞くと、答えました。

「ともちゃんはねえ、下を向いて、大好きはお母さんの顔をみて、お母さんとおはなをしていたの」

お母さんは亡くなる前に言いました。

「ともちゃんは、おなかの中にいるとき、おへそから、おっぱいを吸っていたの。だから、さびしいときには、ともちゃんのおへそを見なさい、きっとおかあさんの顔がみえるでしょう」

お兄さんたちも、輪になって、おへそを出して「おかあさん！　おかあさん！」と言いました。いつしか、みんなの声は泣き声に変わりました。

新京の街に木枯らしが吹いて、黄色くなった葉が一枚一枚大空に吸い込まていくように、元気だったともちゃんをはじめ、多くの孤児たちは、飢えと病気のために、春を待たずに天国へ召されて行きました。

金のひしゃく――北斗七星になった孤児たち（絵本）

（文と絵・増田昭一　二〇〇四年三月　A四変型判　財団法人中国残留孤児援護基金）

収容所には、九月には入所者が大勢いましたが、発疹チフスや赤痢でつぎつぎと亡くなって逝きました。その後、厳寒の二月には九月の四割くらいの収容者数になり、日本人会は高粱（コウリャン）の援助だけでなく炊き出しを始めました。元料理人のおじさんは、お米のお

かゆに豚肉を入れました。子どもの四人組はヒョロヒョロと、一人は糞尿で固まった氷の床を這って炊事場に来ました。四人は豚肉の入ったお米のおかゆに感嘆の声を上げました。

二週間後に、おじさんはさらにいろいろな食材を揃えて収容所に来ました。配給が終わっても四人組が来ないので、彼らの部屋のドアをあけました。しかし、誰もいません。中年の男が、最後に亡くなった子どもから「炊事のおじさんにわたしてほしい」託されました。糞尿にまみれた紙切れの手紙を炊事のおじさんに渡しました。おじさんは、汚れた紙を破かないように丁寧に広げて読みました。

「おじさん、おせわになりました。こころのこもったぶたのお肉の入ったおかゆ、ほんとうにありがとう。とてもおいしかった。おじさんがいったように、ひとさじひとさじ、あじをかみしめながら食べました。ぼくたちの大好きだった死んだお母さんのあじがしました。食べながらみんなで泣きました。」

親切にしてくれたおじさんに、なにかお礼をしたいと思いました。みんなで、いろいろ考えました。もしも、生きて日本に帰れたら、みんなでお金をだしあって、金のひしゃくを作ってさしあげようときめました。金のひしゃくにきめたわけは、あのおいしいおかゆをよそってくれたひしゃくは、ぼくたちにとって金のひしゃくに思えたからです。

でも、それはできないことがわかったんです。おじさんごめんなさい。ぼくたちのからだを考えると、どんなに日本に帰りたくとも帰れないということが、だんだんわかったのです。しんちゃんが、お肉いりのおかゆがとてもおいしかった。おじさんありがとうといって、死んでいきました。よしぼうもこうちゃんもおじさんにありがとうといって、つぎつぎと死んでしまいました。生き残ったひとりが、おじさんにお礼をいうことにきめたのです。

でも、ぼくもおじさんにおあいすることはできないでしょう。てあしの力がなくなりました。目もかすんで見えなくなりました。あと一日か二日の命です。

さいごに、ぼくからお願いです。おじさん、お空を見て下さい。ひしゃくぼし（北斗七星）が見えたら、ぼくたちが、おじさんにおくった金のひしゃくだと思って下さい。キラキラとまたたいて見えたとき、僕たちがおじさんありがとうと、声をそろえていっているのです。ぼくたちはお星さまになって、おじさんが、かぞくそろってほんとうに帰れるように守ります。おじさん、ほんとうにやさしくしてくれてありがとう

来なかったサンタクロース（絵本）

（文と絵・増田昭一　二〇〇六年　B五判横長　夢工房）

のんちゃんとお母さんは、最終の避難列車に乗り遅れて、ソ連軍の戦車の攻撃を受けてしまいました。亡くなる前に「のんちゃん、クリスマスが大好きでしたね。だから、おかあさんは天国に行っても、サンタクロースのおじいさんと一緒に、のんちゃんに会いにくるからね。それまで、よい子になって我慢して…」と、その言葉を最後にお母さんは息をひきとりました。

独りぼっちになったのんちゃんは、開拓団の人が新京の難民収容所まで連れてきてくれました。のんちゃんは子どもたちと昭（あきら）お兄さんのいる教室に入って二か月がたち、クリスマスが近づいてきました。あきらお兄さんが、「クリスマスと正月がもうすぐ来るぞ」とみんなに言うと、ニコニコしながら、のんちゃんが小走りで、あきらお兄さんに近づいて、「あきらお兄さん、だっこして」と、ちょこんとすわりました。そのとき、あきらお兄さんは、はっと驚きました。のんちゃんの身体はごつごつでした。

「クリスマス、いつ来るの？」

「今日は十二月二十一日だから、あと三日でクリスマスだ」

のんちゃんはかわいい右手の指を五本だしました。あきらお兄さんは指を二つおってやりました。

「一つ、二つ、三つ。三つ寝るとサンタさんが来る。もうすぐ、サンタさんとお母さんが来る」

のんちゃんはと楽しそうにはしゃぎながら、みんなに話しました。十二月二十四日、願い事を書いた紙を自分の靴下に入れて、「きーよし、このよる…」と、とてもうれしそうでした。のんちゃんはリュックサックの上に靴下を置いて寝ました。朝、たくさんのものが入っていました。

しかし、のんちゃんは夢をみていたのです。昨晩置いた靴下には何も入っていませんでした。

「サンタさんは、のんちゃんのお家がわからなかったのかな。それなら、おむかえにいかなくちゃー」と考えたのんちゃんは、その夜、お姉さんを起こさないように、そっと外にでました。外は、手がちぎれそうな寒さでした。のんちゃんの頭のなかはサンタさんとお母さんのことでいっぱいでした。

のんちゃんがいないことに気が付いた子どもたちは、のんちゃんを探しました。門の外の雪の上に赤いのんちゃんの靴下を見つけました。雪を除けると、のんちゃんは雪だるまのようになって横たわっていました。雪がやんで、空にはたくさんのお星さまが輝いていました。

第12章　若者たちに伝えたいこと

つぎの世代に語り継ぎたい

増田先生は、本書の制作中に筆者に多くのことを語った。複雑な思いを胸に、さらに言葉を継いだ。

私は、多くの経験を経て九〇歳の峠に達した。これまで、いくつかの選択肢があり、誤ったと思ったことも多くあったが、二つは選べなかった。満州の出来事は、わずか二年間の出来事であったが、その後の私の人生を大きく支配した。医者になる道から教師になる道を選んで、児童たちにずっと新京敷島地区難民収容所の子どもたちのことを語り継ぐことができた。「でもしか先生」から出発したが、私が歩んだ教師の道はこれでよかったのかもしれない。三冊の著書、三冊の絵本、そしてテレビドラマまで世に送り届けることができた。医者の道を歩んだらできなかったことであろう。まだ、書きたいことはあるが、つぎの時代を生きる若者たちに伝えたいことがある。

●歴史教育の必要性

太平洋戦争で、戦争を動かす参謀たちは、ほとんど最前線に行った者はいなかった。士官学校や兵学校で成績がよいだけで、人格も体力も評価されず、点数の一点高い者が後方部隊、一点差で前線に行かされたのが太平洋戦争であった。

日露戦争の二〇三高地の戦果は突撃で勝利したように思われているが、児玉参謀が砲台にあった大砲を急遽移動させてロシア軍の要塞を撃破し敵軍を撤退させたのである。第一次大戦では中国・青島を砲撃だけで、わずかな死者を出しただけで占領した。戦闘において肉弾戦法や玉砕はあってはならない。過去の戦法を知っているはずなのに、太平洋戦争で、優等生参謀たちは、東京の大本営本部にいて、玉砕を称えた。前線でも参謀は、いつも安全な場所にいた。満州とソ連の国境で起きたノモンハン事件の作戦を練ったのは、辻参謀を中心とした若手参謀たちであった。前線の指揮官に玉砕戦法を指示して大敗したが、参謀たちに責任を取らせなかった。ノモンハン事件は、その後の戦いの分岐点であったが、参謀たちへの責任・処置を厳しくなかったことが、その後の日本軍、特に陸軍の作戦に大きく影響を与えた。太平洋戦争は、点取り虫の達人が強い指揮権を持ったのが大きな間違いであった。

このようなことからも歴史を学ぶことは大切である。小学校で社会は、古墳や弥生時代、高学年になって江戸時代で終わる。太平洋戦争のようなことが起きないためには、明治から太平洋戦争、戦後の歴史の学習をしっかりしなければならない。

●学徒動員の予備士官が指揮した特攻作戦の悲劇

磨刀石の戦いは、関東軍第五軍指揮下の部隊が、満州に侵攻したソ連軍戦車部隊に、爆薬を抱えて戦車に飛びこむ特攻攻撃をした。石頭予備士官候補生（学徒兵）部隊で磨刀石の戦場にたどり着いた者は七五〇名であった。爆薬を抱えて戦車に飛びこんだが、多くはタコツボのなかで、砲撃や爆風で死に、負傷していった。わずかな時間の戦闘で、生き残ったのは一五〇名であった。この特攻作戦に参加した指揮官は、二〇キロ爆弾を背負ってソ連軍T34戦車に突入する作戦は止めにしてほしかった。人を兵器にする戦争はこの上なく悲惨だ。彼らはその礎になって飛び込んだのだ。多くは一九歳から二二歳の若者であった。

ソ連軍・アメリカ軍・中国軍はもとより、すべての軍隊は戦争となれば残虐な軍隊になった。戦争は絶対にしてはいけない。

●開拓団と満蒙開拓青少年義勇軍の悲劇

満州で多数の死者を出したのは、奥地にいた開拓団家族と満蒙開拓青少年義勇軍の若者など民間人であった。開拓団は、満州の農民から多くの農作地を奪って耕作したのではない。一部は農地もあったかもしれないが、土地代は農民に払ったはずだ。その土地代が安かったかどうかは、開拓団員は知らなかった。もっぱら開拓団が開墾したのは原野であった。原野を一生懸命がんばって農作地にした。

満蒙開拓青少年義勇軍は、一六歳から一九歳までの青少年で、入植地はソ連国境に近いところであった。義勇軍には軍事教練があり、防衛の任務もあった。生活環境も開拓団以上に厳しい場合も多かった。ソ連軍の侵攻で、義勇軍がどのような逃避行をしたのか、定かではない。

開拓団や満蒙開拓青少年義勇軍の人たちは、満州国が日本の植民地だと思っていた者は少なかったと思う。心から「五族協和」を信じて義勇軍に加わったのだ。偽国・満州国と言われるのは、日本政府や関東軍の失政である。中国人、満人、蒙古人と朝鮮人に、日本人はよく思われなかった。真の「五族協和」の理想が深く浸透して行ったなら、戦後の悲劇は起きなかったかもしれない。わずかではあるが、満州のなかで慕われていた日本人もいたことを伝えたい。

●最北端の占守島の戦い

日本人がほとんど知らない事実がある。千島列島の最北端の占守島（シムシュ・トウ）の戦いでソ連軍の北海道侵攻を食い止め、今日の日本国土がある。八月十五日、終戦とともに北海道第五軍は、アメリカ軍に降伏した。日本軍は、千島列島の最北端の占守島においても、戦車も大砲、小銃も廃棄する命令を出した。守備兵たちは戦争が終わったので酒保より酒を出して飲み、アンパンなどを食べ大いに盛り上がった。

しかし、ソ連軍が占守島に激しい砲火とともに上陸した。ソ連軍は千島列島から北海道へ侵入する計画だった。日本軍の武装解除の命令により、兵器などの処分をしていた八月十八日午前二時半に、ソ連軍が侵攻してきた。樋口季一郎軍司令官は、武装解除命令を中止し、温存していた戦車隊を出動させて、八月二十二日の停戦まで踏みとどまった。八月二十三日に武装解除となったが、日本軍戦死者六〇〇名に対してソ連軍戦死者は三千名以上であり、ソ連軍の北海道侵攻を食い止めた。

●輝けるときとは

小田原中学校の仲間は、半数以上の人たちが天国へ召されて行った。最近、会報で訃報に接する機会が多くなり、私の人生は何だったのだろうと考える。そして、人はそれぞれ生きて来た道を振り返ったとき、必ず輝いたときがあると思うようになった。

私自身はどうだろう。自分の過去を脳裏に思い描えてみた。すると、満州・新京敷島地区難民収容所の孤児たちとの生活のことがまっさきに頭に浮かんだ。子どもたちは、ヒョロヒョロとして足取りもおぼつかなかったが、最後まで精一杯生きようと目が輝いていた。

それと同時に、ソ連軍侵攻のときの兵隊さんのことを思い出す。私の仲間一四人は、ソ連軍の戦車隊を攻撃して全員戦死した。戦争ということで異常な精神状態になって、みんなの目は輝いていた。そのとき彼らには死にたいする執着がなかったように思う。

戦争は人間を変える。異常な輝きであってはならない。人が燃えるときは、正常な状態であってほしい。

●初等教育の重要性

私は、「でもしか先生」から出発して、定年まで小学校教師をした。授業で子どもたちに、童話を読んで聞かせ、学芸会の指導をしたとき、子どもたちは、すがすがしくキラキラした目をしていて、難民収容所で生活していた子どもたちの目と二重写しになって見えた。小学校の教師をつづけられたのは、日本に帰れず亡くなっていった子どもたちの姿が目に浮かび、その真実の姿を児童たちに語りつづけねばと思ったからかもしれない。

多くの者が最も輝いたときは、小学生のころかもしれない。日本が明治になって近代化が進んだのは寺子屋が日本全国にあったことが一つの要因である。日本の高度経済成長は、戦中・戦後の小学生であった子どもたちが先導した。

長い教師生活していて、先生になる大学生の授業指導をしたとき、研修が終わって、「先生の授業が一番わかりやすかった」と言われたときには、特別の喜びを感じた。小学校の子どもたちをしっかりと教育することが、その国の将来をきめると思う。

いま日本は少子化時代に突入している。私は昭和二十三年から、占領下のＧＨＱの指導の小学校で、新しい教育を試行錯誤した。しかし、子どもに分かる授業をしたかどうか自信がなかった。六〇年のあまりの歳月を経て、四人の教え子が訪ねてきて、私の授業のようすを生き生きと語ってくれた。みんな、よく記憶をしていてくれた。初等教育の重要性を、そのときに再認識した。子どもたちに夢を与えて下さい。

●平和について

日本は海岸沿いに多数の原子力発電所を持っているが無防備である。あるとき、私が担任をしていた在日朝鮮人の親に会い、言われたことがある。

「先生、日本は軍備を備えて下さい。私の知っている朝鮮の高官が、いつでも仇を討つことができると言う。高速艇でロケット砲を積み数隻で攻撃する。原子力発電所のある九州に二発、四国に一発、中部地方に二発、北海道に一発、それで十分。それで、日本人は日本にいられなくなる」

東北地方を襲った大地震で、そのことが証明される結果になった。在日アメリカ軍は確かに強い。しかし朝鮮戦争、ベトナム戦争、イラク戦争など数多くの戦争をしてきたが、果たしてその成果はあったのだろうか。

政治家や高級官僚の子どもたちのなかで、自衛隊に入っている者は幾人いるだろうか？明治時代から軍人の子は軍人にということが、太平洋戦争へと突き進んだひとつの要因であったかもしれない。終戦当時、満州国の首都・新京に住んでいた日本軍高級参謀の家族たちが、真っ先にたくさんの資産を積んで避難した。しかも家族を守るために兵隊を乗せて帰った。満州にいた幾十万の民間人を犠牲にした。最後に避難するのが軍の幹部、政治家や高級官僚でなければならない。国民を犠牲にしないでほしい。このようなことは二度とあってはならない。

戦後七四年、地球上のいたるところで絶えまなく戦火が立ち上がってきた。そのなかで、日本は、戦争による死者を出すことなく平成から令和を迎えた。恒久平和を目指す憲法が果たしてきた役割は大きい。私は、本来、軍が守らなければならない満州における民間人の悲劇のなかに身を置いた者として、再び戦争があってはならないと強く思う。
若い人たちに平和と戦争について真剣に考えてほしいと思う。

〈参考〉満州について

満州国とは

満州国、満州を知らない日本人が多くなった。満州は現在の中国東北部に位置していて、清朝時代は、「入会い」地域であった。清朝末期には中国内地の窮乏もあって、多くの移住者が発生し、急速に漢民族による開拓が進んでいた。広い大地に流入した人たちは、中国人とは呼ばず「満人」と呼び、農民集落を形成していった。農地は、お盆のなかに大豆がまかれたように点在し、見渡す限り原野のままであった。

原野の地平線に真っ赤な夕日が沈む光景は、満州に住んだ人たちに、強いインパクトを与えた。満州国の面積は百十三万三千四百三十七平方キロメートルで、現在の日本の国土の三倍ほどであった。

●満州国の建国

一九三二年（大同元年）に満州国の建国を宣言し、一九三四年三月一日、清朝最後の皇帝・

愛新覚羅溥儀を満州国執政とした。帝政移行後は「満州帝国」となった。日本(朝鮮、関東州：大連、青島などを含む)、国民党支配の中華民国、ソビエト連邦、蒙古自治政府と国境を接し、首都には長春が選ばれ、新京と命名された。国務院総理（首相）には鄭孝胥が就任した。

中華民国（台湾）と中華人民共和国は、今でも満州国を歴史的な独立国として見なさない立場から、「偽満」「偽満州国」、同地域についても「満州」という呼称を避け、「中国東北部」と称している。

●満州の近代化政策と急速な発展

満州国は、建国の経緯もあって日本の計画的支援の下、きわめて短期間で発展した。内戦のつづく中国からの漢人、日本国民になった朝鮮人などの移民があり、日本政府の政策に従って満州国内に用意された農地と原野に入植する日本内地人の開拓団は増大した。これらの移民によって満州国の人口も急激な勢いで増加した。国策会社「南満州鉄道会社（満鉄）」が後押しで、鉄道網の拡大整備、高速列車アジア号の走行、炭鉱、医療、各種の産業、農地開拓が行われた。

しかし、公務員の約半分が日本内地人で占められ、高い地位ほど日本人の占有率が高かった。関東軍は満州国政府のなかで日本内地人を各行政官庁の長・次長に任命させ、この国の実権を握らせた。満州国は「五族協和」の「王道楽土」を理念とし、アジアでの多民族共生の実験国家であるとされた。五族協和とは、満蒙漢日朝の五民族が協力し、平和な国造りを行うこと、王道楽土とは、アジアの理想的な政治体制を「王道」とし、満州国皇帝を中心に理想国家を建設することを意味している。満州にはこの五族以外にも、ロシア革命後に共産主義政権を嫌いソビエトから逃れてきた白系ロシア人等も居住していた。

一九四五年の満州国の人口は、四千四百二十四万二千人であった。人口比率は、満人（漢族、蒙古族など）は三千九百八十八万五千五百六十二人（九四・六五％）、日本人（朝鮮人、台湾人を含む）約百三十万人（五・一八％）、ロシア人（〇・一六％）であった。

●満州の高等教育機関

満州国の発展と安定のためには高等教育の充実が必要とされた。総合大学として全寮制の建国大学が設立されて五族協和の信条のもとで、日本人、朝鮮人、満人、蒙古人、中国人で構成され、優秀な学生が集まった。語学分野ではハルピン学院が知られている。特に医療を重視して主要な都市に医科大学が設立され、ほかに研究所、農科大学・工業大学、水産大学などが建設され、日本国内より充実した設備、特に若い教員・研究者を国内から招いて教育・研究にかかわった。中国人民共和国が設立したとき、中国の高等教育や研究の拠点として、これらの建物や設備が多数使われた。現在の中国の科学・技術の発展の基礎ともなった。

●佳木斯市

チャムスの駅舎

佳木斯（ジャムス、チャムス　Giyamusi）市は、現在は中華人民共和国黒竜江省に位置し、中国最東部にある。中国で最も早く日が昇る所として知られ「東方第一城」の称がある。チャムスの町は牡丹江駅から列車で二四〇キロメートルほどのところにある。牡丹江省は満州国に存在した省である。現在の黒竜江省東南部に位置している。

牡丹江はユーラシア大陸・中国東北部を流れる川で、大河・松花江の最大の支流である。吉林省の牡丹嶺に源を発し黒竜江省を北に流れ、牡丹江市を経てハルピン市の依蘭県付近で松花江に合流する。チャムス市は牡丹江市とともに栄えてきた。チャムスの町は、東満州一帯の農産物集積地であった。初期の武装移民団はチャムス南方の広大な沃野に入植し、弥栄村がその代表として日本で紹介されている。

満州開拓団と青少年開拓義勇軍

昭和七年の秋に、第一次農業移民団四九二名が、チャムスの永豊鎮（エンポウチン）に入植した。その後、国策とジャナーリズムなどの宣伝が、開拓の夢を掻き立てる推進力の役割を果たした。日本国内にあって冷害や凶作に苦しむ農民にとって、満州は希望の大地であった。

太平洋戦争敗戦の直前の昭和二十年五月には、二二万以上の開拓農民が海を渡ったと言われている。さらに、青少年開拓義勇軍は一六万人いたと言われている。彼らは、「知らされざる敗戦」で、耕した土地を追われた。多くは満州の現地人に襲われ、ソ連軍から襲撃されて悲惨な逃避行となった。

新京の街

新京は満州国の中央部、吉林省長春県内にあり、北緯四三度五五分、東経一二五度一八分、海抜二一四メートルに位置した。緯度は日本の旭川、経度は朝鮮の新義州付近に相当し、標高は山梨県甲府市付近に匹敵する。新京は、満州鉄道の直轄地となってから旧市街と隣接して別に原野に新市街の建設が始まり、満州国建立から首都となった。さらに新都市計画案が練られて放射状に碁盤の目のように道路が建設された。

太平洋戦争の終結まで日本からの投資、及び満州国政府・市当局による大規模な国都建設

新京の街

事業が展開され、日本人移民を含めた満州各地からの移住者により繁栄し、人口も一九三二年の約一三万人から一九三六年十月時点で三〇万二千人、一九四〇年十月時点で五五万五千人、一九四四年には八六万三千人の大都市となった。

あとがき

この本の執筆を思い立ったのは、一年前の私たち酒匂小学校の同窓生と恩師が執筆した記念誌が刊行されたことによる。ページ数の関係もあり、増田昭一先生から取材した資料の半分ほどしか記念誌には掲載できなかった。

増田先生がこれまで世に問われた六冊の本は、戦争孤児たちや兵士たちの物語であった。昭一と思しき人物が登場しても、あくまで孤児たちや兵士たちの目を通して戦争を語ることに徹している。それ故に悲惨な場面においても静かな筆致が保たれていた。しかし、増田先生自身が体験した満州における生身の出来事は、ほとんど書かれてはいなかった。十七歳のある一人の男の体験ではあるが、それに止まらない貴重な資料として残さなければいけないのではないかと思い至った。

夢工房の片桐務さんから「出版は引き受けましょう」と言われて執筆作業が始まった。本の制作・編集作業が始まったころは、増田先生の視力も比較的しっかりしていて、原稿を読み、私の質問への回答をパソコンで入力し、誤植や間違った部分は原稿に赤字で挿入した。そのころはオートバイを運転し、九〇歳を過ぎた方とは思えないほど増田先生は元気であった。しかし、オートバイで転んで足を悪くし杖を使うようになり、目も文字がはっきり見えないほどになった。これは、わずか一年の間の出来事であった。

本書の筋書はできていたが、ご家族のことはほとんど取材していなかった。そこで、幾度か先生のお宅に午前から伺い、昼食をともにして夕方まで取材し録音し原稿に起こした。それで八割くらいは出来上がった。しかし、増田先生がどうしても話したくないことがあるように思えてきた。そのことを尋ねると、胸の内から押し出すようにポツポツと語り始めた。中国人工員家族に救われたことは、記念誌のときの取材にはなかった。どのようにして戦場から生還したのかは、語りたくなかったように思う。中国女性、紅花さんのことも少しずつ話された。昭一が体験したことをつなげると満州大陸に咲いた悲恋ドラマになった。中国再訪のときに幾度か紅花さんに連絡を取ろうと思ったが、その勇気が出なかったと増田先生は語られた。

三年前に六〇年ぶりに同級生四人で増田先生のお宅にお伺いしたときには、奥様がお茶や昼食の寿司の接待をして下さった。しかしその後、体調を崩され、本年一月に逝去された。

とができた。
本書の筋書には当初、奥様の記述はなかったが、増田先生に取材をお願いし、お話を伺うこ
増田先生はいま、パソコン入力の原稿を音声で聞き、その修正・挿入のやり取りをしている。
先生から、「音声で四時間かけて読み終わり、内容には満足している。この本は売れるかな」
と言われた。先生の心配が杞憂に終わり、多くの読者に感動を与える本として、先の戦争を
体験した世代から若い世代の方々まで広く手に取り読まれることを期待したい。
本書を執筆するに際しては、四歳で新京から引き揚げた山崎仲道高知大学名誉教授と満州
に関する多くの書籍を収集し、高知県内で満州の会のお世話をされている崎山ひろみさんに
多くの助言をいただきました。崎山さんは、新京高等女学校を卒業されたが、寄宿舎生活を
した。その寄宿舎の守衛をしたのが増田昭一先生であった。奇縁とは、このことかもしれない。
国立国文学研究資料館研究部の加藤聖文先生から、満州に関する記述について多くのアド
バイスをいただきました。真実を伝える難しさをご教示いただきました。
本書を刊行するにあたり、ご協力いただきました皆様に深謝いたします。

二〇一九年（令和元年）　梅雨空の日々に

大野　正夫

著者プロフィール

大野　正夫（おおの　まさお）

一九四〇年十一月二十九日、満州・錦州市で誕生。父が満州鉄道（満鉄）の殖産部に勤務していた。錦州駅と並んで設置された社宅で出生した。一九四五年十月、錦州は鉄道の分岐拠点地であったので国民党軍と共産党軍である八路軍との激戦が予想されたので奉天に避難した。五歳九か月のとき、一九四六年（昭和二十一年）八月に胡蘆島より引き揚げて小田原に落ちついた。

小学校二年から四年の一学期まで、増田昭一先生の授業を受けた。一九六八年、東京大学大学院博士課程を修了して高知大学に赴任し、海洋生物学の研究・教育に従事して、現在、高知大学名誉教授。

二〇一四年、ＴＢＳテレビドラマ「遠い約束」を視聴して、増田昭一先生と六〇年ぶりにお会いし、それを契機に同窓会記念誌『戦後の混乱期入学の生徒と先生の軌跡』の編集・刊行に関わり、本書の企画・執筆に至った。

大地の伝言
満州・戦争孤児との約束　増田昭一の生涯

二〇一九年十月一日　初版発行
定価　本体一六〇〇円＋税

著者　大野　正夫 ©

発行　夢工房
〒二五七-〇〇二八　神奈川県秦野市東田原二〇〇-四九
TEL（〇四六三）八二-七六五二
http://www.yumekoubou-t.com
2019 Printed in Japan
ISBN978-4-86158-089-5 C0095 ¥1600E